DON BOSCO

Heike und Werner Tenta

MIT
MACH
Geschichten
für Advent und Weihnachten

DON
BOSCO

Gerne nehmen wir Ihre Anregungen, Wünsche, Kritik oder Fragen entgegen:
Don Bosco Medien GmbH, Sieboldstraße 11, 81669 München
Servicetelefon: (0 89) 4 80 08-3 41

Bibliografische Information der Deutschen Nationalbibliothek
Die Deutsche Nationalbibliothek verzeichnet diese Publikation in der Deutschen Nationalbibliografie; detaillierte bibliografische Daten sind im Internet über http://dnb.d-nb.de abrufbar.

1. Auflage 2012 / ISBN 978-3-7698-1959-5

www.donbosco-medien.de
Umschlag: ReclameBüro, München
Illustrationen Innenteil: Antje Bohnstedt, Heike Tenta
Lektorat: UNGER-KUNZ. Lektorat und Redaktionsbüro, Undorf
Satz: Don Bosco Kommunikation GmbH, München
Druck: Don Bosco Druck & Design, Ensdorf

Gedruckt auf umweltfreundlichem Papier

Inhalt

Vorwort

Besonders in der Weihnachtszeit genießen Kinder das gemeinsame Vorlesen in einer ruhigen, entspannten Atmosphäre. Dieses Buch mit seinen vielfältigen Geschichten, die zum Zuhören, Mitspielen und Weitergestalten auffordern, soll in der manchmal auch hektischen Zeit vor Weihnachten eine Hilfe für die Erwachsenen sein, schnell und ohne viel Vorbereitung auf unterschiedliche Beschäftigungsmöglichkeiten zurückgreifen zu können.
Sie finden in diesem Band zum Thema „Weihnachten" Vorlesegeschichten, an die sich weiterführende Bastelideen anschließen, Geschichten, die zum Weiterspielen auffordern, und Geschichten mit zusätzlichen Ideen und Impulsen zur ganzheitlichen Förderung der Kinder.
Bei einigen dieser „Mitmachgeschichten zur Weihnachtszeit" eignen sich die Mitmachimpulse als Beschäftigung nach dem Vorlesen. Dabei stehen die Mitmachimpulse immer im inhaltlichen Zusammenhang mit dem zuvor Vorgelesenen. Alle Geschichten bieten viele Anlässe für weitere interessante Gespräche und können von den Kindern auch nacherzählt oder im Rollenspiel umgesetzt werden. Die jeweilige Herangehensweise kann dabei ganz nach ihren individuellen Bedürfnissen variiert und kreativ umgesetzt werden.
Die beschriebenen Anregungen lassen sich meist ohne viel Zeit- und Materialaufwand organisieren und sind sowohl in kleineren als auch in größeren Gruppen umsetzbar.
Wir wünschen allen eine fröhliche Advents- und Weihnachtszeit mit vielen Momenten der Ruhe, Geborgenheit und Besinnlichkeit! Vielleicht können wir mit unseren Geschichten und Vorschlägen ein wenig dazu beitragen.
Viel Spaß beim Vorlesen, Spielen und Gestalten zusammen mit den Kindern und beim Entwickeln eigener kreativer Ideen!

Heike und Werner Tenta

Kerzenschein und Plätzchenduft

Geschichten zum Vorlesen und Basteln

Stern der Freundschaft

Inhalt: Anna ist sehr traurig, weil ihre beste Freundin Maya bald sehr weit wegzieht. Doch die beiden Mädchen finden eine Möglichkeit, sich zu trösten.

Material: Kein Material erforderlich

Methode: Vorlesegeschichte: Die Geschichte wird den Kindern vorgelesen und später in der Gruppe besprochen.

Anna ist sehr traurig. Ihre beste Freundin Maya zieht mit ihren Eltern in ein paar Tagen in eine andere, weit entfernte Stadt. Seit vielen Jahren sind die zwei Mädchen unzertrennlich. Sie gehen gemeinsam in den Kindergarten und verbringen auch sonst viel Zeit miteinander.
Doch ab jetzt können sie sich nur noch ein- oder zweimal im Jahr sehen, weil Mayas Vater eine neue Arbeitsstelle angenommen hat. Bis zu den Weihnachtsferien sind es nur noch ein paar Tage, und dann wird Maya umziehen, denn nach den Ferien besucht sie schon den neuen Kindergarten.
Annas Mutter versucht, ihre Tochter zu trösten: „Sei nicht traurig, Anna, ihr könnt euch doch gegenseitig besuchen. Das habe ich schon mit Mayas Mutter besprochen.“ „Aber das dauert ja so lange, bis wir uns wiedersehen!“, jammert Anna. „Nun, bis dahin könnt ihr ja öfter telefonieren“, schlägt Annas Mutter vor. „Und am letzten Wochenende vor ihrem Umzug darf deine Freundin ja noch einmal bei dir übernachten“, fügt sie hinzu.

An dem Wochenende vor dem Umzug von Maya unternehmen die zwei Mädchen noch viel zusammen. Sie spielen mit ihren Puppen, gehen mit Annas Hund Schlaps spazieren und basteln für Weihnachten Sterne aus Glitzerpapier. Am Abend vor dem Schlafengehen sitzen sie gemeinsam in Annas Zimmer am Fenster und betrachten den klaren, wolkenlosen Nachthimmel.
„Schau mal, Anna, wie viele Sterne heute zu sehen sind!", sagt Maya. „Ja, alle blinken und glitzern so schön! Ich möchte nur wissen, wie die Heiligen Drei Könige, als sie zum Jesuskind in der Krippe zogen, bei so vielen Sternen den richtigen Weg gefunden haben?", fragt Anna ihre Freundin.
„Damals leuchtete doch ein besonderer Stern ganz hell, und dem sind sie gefolgt", erklärt ihr Maya. „Und die Hirten haben diesen Stern auch gesehen, obwohl sie ja ganz woanders hergekommen sind", stellt Anna fest.
„Ich habe eine Idee! Wir suchen uns jetzt auch einen Stern am Himmel aus, der hell leuchtet und uns beiden gefällt! Und wenn ich umgezogen bin, dann schicken wir uns über diesen Stern in Gedanken jeden Abend einen Gruß!", ruft Maya begeistert. „Das ist eine tolle Idee, dann bist du ja doch immer bei mir!", antwortet Anna schon etwas getröstet.
Beide Mädchen betrachten nun lange den Sternenhimmel und suchen sich ihren Stern aus.
Am Abend vor Weihnachten sitzt Anna wieder vor ihrem Fenster und schaut in den Himmel.
„Wie geht es wohl Maya? Ich vermisse sie so! Ob sie auch traurig ist?", fragt sie sich. Doch genau in diesem Moment entdeckt Anna ihren gemeinsamen Stern!
„Hallo Stern! Schick der Maya liebe Weihnachtsgrüße von mir!", flüstert sie ihm zu.
Anna ist jetzt gar nicht mehr so traurig, denn sie weiß, dass ihre Freundin Maya auch an sie denkt.

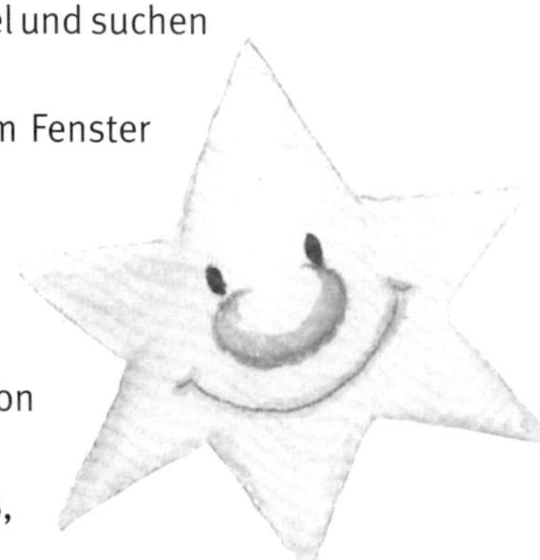

Ich schenk dir einen Freundschaftsstern

Über diese kleine Aufmerksamkeit freut sich der Beschenkte bestimmt. Und die Karte zeigt: Ich denk an dich!

Material für den Stern:	Etwas Ton oder selbsthärtende Modelliermasse; Schaschlikspieß; Band oder Faden

Und so wirds gemacht:
Aus einer Kugel Ton die Spitzen herausziehen und zurechtformen. Nun mit dem Schaschlikspieß durch eine der Sternenspitzen ein Loch bohren, damit später ein Band oder Faden zum Aufhängen durchgezogen werden kann. Anschließend wird mit dem Schaschlikspieß ein Gesicht in den Stern eingedrückt. Der Tonstern kann nach einer kurzen Trocknungszeit gebrannt werden. Sollte keine Möglichkeit zur Benutzung eines Keramikbrennofens vorhanden sein, dann lässt sich der Stern ebenso gut aus selbsthärtender Modelliermasse herstellen.

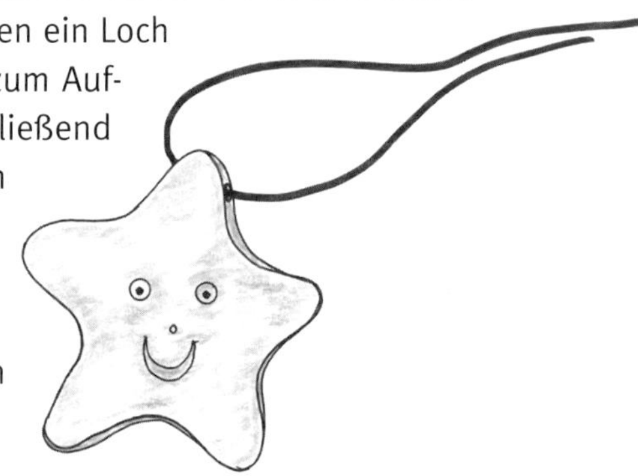

Material für die Karte:	Karton oder Tonpapierreste; Schere; Stifte

Und so wirds gemacht:
Aus dem zurechtgeschnittenen Karton eine Doppelkarte falten (ca. 15x10 cm). Nun mithilfe der Erzieherin den unten stehenden Text auf die Karte schreiben und diese dann zusammen mit dem Stern an liebe Menschen verschicken.

Tipp: Der Text kann auch in einer besonders schönen Schrift am Computer geschrieben und dann für die Kinder in größerer Anzahl ausgedruckt werden.

Ich schenk Dir einen Freundschaftsstern,
er soll Dir immer sagen:
Ich denk an Dich, ob nah, ob fern,
an guten und an schlechten Tagen.

Das Päckchen aus Amerika

Inhalt: Die Kinder bekommen überraschend Besuch von ihrer Tante aus Amerika und freuen sich sehr darüber.

Material: Kein Material erforderlich

Methode: Vorlesegeschichte mit weiterführenden Ideen und Impulsen

Maximilian und Anna-Maria haben eine heiß geliebte Patentante. Sie lebt in Amerika und heißt Irene. Leider ist Amerika ganz weit weg, weswegen sie sich auch nur selten sehen können. Doch sie telefonieren oft miteinander und schreiben mit der Mutter zusammen häufig kleine Briefe mit vielen schönen Zeichnungen.

In ihrem letzten Brief an die Kinder hat Tante Irene den Kindern von einer Weihnachtsleine erzählt. Es ist ein amerikanischer Brauch, bei dem sich Freunde, Bekannte und Verwandte gegenseitig selbst gebastelte Weihnachtskarten schicken, die sie mit Silber- und Goldpapier oder mit Flitter verzieren. Diese Weihnachtsgrüße werden mit einer Klammer befestigt oder aufgefädelt und während der Adventszeit in der Wohnung aufgehängt.

Im Licht glänzen und schimmern die Karten dann wunderschön, und der Betrachter weiß, dass andere an ihn denken und ihn mögen. Anna-Maria und Maximilian beschließen deswegen, ihrer Lieblingstante gleich mehrere dieser glitzernden Weihnachtskarten zu basteln. In ihrem Brief hat Tante Irene auch, wie jedes Jahr zu Weihnachten, ihre Geschenkpäckchen für die Kinder angekündigt und dazu

noch eine große Überraschung! Sie wollte aber noch nicht verraten, was das für eine Überraschung ist.
Anna-Maria und Maximilian überlegen, was sie wohl dieses Jahr von ihrer Tante bekommen, denn mit ihren Geschenken errät sie meist die geheimsten Wünsche der Kinder. „Ich bin sehr gespannt, welche Überraschung Tante Irene für uns hat!", sagt Anna-Maria zu ihrem Bruder. „Ich auch! Ich kann es schon gar nicht mehr aushalten bis Heiligabend, so neugierig bin ich!", antwortet Maximilian. Je näher Weihnachten rückt, desto erwartungsvoller laufen die Kinder an die Wohnungstüre, wenn der Postbote klingelt. Aber nie hat er Post aus Amerika dabei!
„Letztes Jahr um diese Zeit haben wir von Tante Irene schon ein Päckchen bekommen", beklagt sich Anna-Maria bei ihrer Mutter. „Dann musst du in diesem Jahr eben etwas mehr Geduld haben", ermahnt Mama ihre Tochter.
Als aber am Weihnachtstag immer noch keine Post da ist, sind Anna-Maria und Maximilian sehr enttäuscht: „Vielleicht ist das Päckchen mit der großen Überraschung auf dem Weg zu uns verloren gegangen!", befürchtet Maximilian. „Ja, irgendetwas muss passiert sein, wenn Tante Irene uns vergessen hat", vermutet auch Anna-Maria.
In diesem Moment klingelt das Telefon, und Maximilian hebt den Hörer ab. „Hallo, Maximilian, entschuldige bitte, dass ich so lange nichts habe von mir hören

lassen, aber in der Weihnachtszeit geht es auch bei uns ziemlich hektisch zu", meldet sich seine Tante aus Amerika.
„Tante Irene ist am Telefon!", ruft Maximilian begeistert seiner Schwester zu und gibt ihr den Telefonhörer.
„Der Postbote hat in diesem Jahr leider keine Päckchen für euch mitbringen können", bedauert Tante Irene, doch bevor sie weiterreden kann, klingelt es an der Tür. „Warte einen Augenblick, Tante Irene, es hat gerade geklingelt", bittet Anna-Maria. Als sie die Eingangstür öffnet, traut sie ihren Augen nicht.
„Der Postbote hat für euch keine Päckchen bringen können, weil ich sie dieses Jahr selber bringe!", wird Anna-Maria von ihrer Tante begrüßt, die mit dem Handy in der Hand vor dem Haus steht.
Der Jubel danach kennt bei den Kindern keine Grenzen, und sie umarmen ihre Tante herzlich. „Das ist also die große Überraschung!", lacht Maximilian glücklich.

Weihnachtskarte mit Klappschnitt

Über Weihnachtspost freuen sich Freunde oder Verwandte immer, besonders selbst gestaltete Karten sind bei allen beliebt. Diese Weihnachtskarten können schon von den Kleinsten mit etwas Hilfestellung hergestellt werden. Mit der unten erläuterten Schneidetechnik erzielt man bei vielen Motiven eine besonders interessante Wirkung, wenn zweifarbiges Papier, z.B. Goldfolie, benutzt wird. Wählen Sie anfangs einfache Motive mit klaren Umrissen.

Material:	Klappkarten; Goldfolie (am besten zweifarbig); Bleistift; Schere; Klebstoff

Und so wirds gemacht:

❶ Zuerst eine Hälfte des gewünschten Motivs auf die Goldfolie aufzeichnen, dabei auf klare Umrisse achten.

❷ Dann die Formen mit Bleistift vorzeichnen und ausschneiden.

❸ Den Teil der Goldfolie, aus dem ausgeschnitten wurde, auf die eine Innenseite der Klappkarte kleben. Die ausgeschnittenen Teile umklappen und gegengleich an der Grundlinie entlang auf die andere Innenseite der Klappkarte kleben. Bei zweifarbiger Folie erscheint nun dort die andersfarbige Rückseite der Goldfolie.

Tipp: Auf diese Weise kann auch Packpapier zum Einwickeln von Geschenken aufgewertet werden.

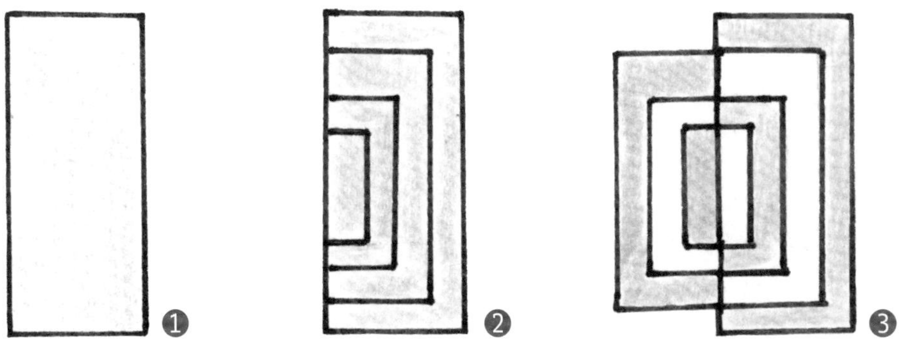

Das Versteck im Vogelhäuschen

Inhalt: Sara und David sind Geschwister, die sich ständig streiten. Jeder will das schönste Weihnachtsgeschenk für die Eltern haben. Die Kinder verstecken ihre fertigen Werke so voreinander, dass sie später die Geschenke selber nicht mehr finden. Gemeinsam gestalten sie dann kurz vor Weihnachten ein neues Geschenk.

Material: Kein Material erforderlich

Methode: Vorlesegeschichte mit weiterführender Bastelidee

Nur noch wenige Wochen, dann ist es Weihnachten. Sara malt im Kindergarten ein Bild, das sie den Eltern zu Weihnachten schenken will. Sie zeichnet eine schöne Winterlandschaft mit ihrem Haus und einem hell erleuchteten Weihnachtsbaum, der im Garten steht. Zu Hause prahlt Sara, die stolz darauf ist, schon ein Vorschulkind zu sein, vor ihrem Bruder David, dass sie ein ganz tolles Bild für Mama und Papa zu Weihnachten gemalt hat.
Aber auch David war im Kindergarten fleißig und hat ein Weihnachtsgeschenk gebastelt. Einen Engel mit weißen Flügeln und wunderschönen Haaren aus Draht.
„Mein Geschenk ist viel toller als deines!", behauptet David. „Mein Geschenk ist viel bunter als deines!", erwidert Sara. „Nein, meines ist viel bunter!", gibt David zurück.

„Du weißt doch gar nicht, was ich gemalt habe“, empört sich Sara. „Du ja auch nicht, was ich gebastelt habe. Aber so schön wie mein Geschenk ist dein Bild bestimmt nicht!“, ruft David überzeugt.
„Jedenfalls darfst du mein Bild nicht anschauen, bevor es Papa und Mama zu Weihnachten bekommen“, antwortet Sara. „Ich zeig dir meinen Engel auch nicht“, grummelt David trotzig.
Und beide Kinder überlegen sich, wo sie ihr Geschenk verstecken könnten, damit es der andere auch ja nicht sieht. „Ich könnte es im Hasenstall verstecken“, überlegt sich David. Aber da fällt ihm ein, dass Sara den Stall ausmistet und sie sein Geschenk finden könnte. „Oder doch lieber auf dem Dachboden zwischen den alten Kisten?“, grübelt er weiter. „Aber dann findet es vielleicht Papa, wenn er die Weihnachtsdekoration von dort oben holt“, verwirft er gleich wieder den Gedanken. Auch Sara sucht ein gutes Versteck für ihr Bild. Aber jedes Versteck, das sich David und Sara überlegen und in dem sie ihr Weihnachtsgeschenk vor dem anderen verbergen könnten, erscheint ihnen schon nach kurzer Zeit nicht mehr sicher genug.
So vergeht einige Zeit, in der die beiden Kinder über ihre Verstecke wetteifern. „Ich habe ein supertolles Geheimversteck! Da findest du mein Bild nie“, neckt Sara ihren Bruder. „Mein Versteck ist noch viel geheimer als deines!“, antwortet darauf David.
Im Laufe der folgenden Tage geraten ihre kleinen Streitereien, wer wohl das schönste Geschenk oder das beste Versteck hat, immer mehr in Vergessenheit. Denn es gibt noch so viele andere Dinge, über die es sich scheinbar zu streiten lohnt!
„Ich bin als Erster mit dem Zähneputzen fertig!“, tönt David. „Das gilt nicht, du hast die obere Reihe gar nicht richtig geputzt!“, kreischt Sara. „Hab ich doch!“ „Nein, hast du nicht!“
„Ich bin als Erster mit dem Essen fertig!“, freut sich Sara am nächsten Tag. „Das zählt nicht, ich hab viel mehr auf dem Teller als du!“, schimpft David empört. „Hast du nicht!“ „Hab ich doch!“
„Kinder, jetzt hört doch mit dieser ewigen Streiterei auf! Es geht doch nicht immer darum, wer der Erste, der Beste oder der Schnellste ist“, unterbricht Mama die

Streithähne. „Und außerdem wünsche ich mir zu Weihnachten, dass ihr euch nicht mehr so viel zankt“, seufzt sie müde. David und Sara fallen jetzt plötzlich wieder ihre Weihnachtsgeschenke ein, die sie ja noch einpacken wollen. Doch so sehr sie auch überlegen und suchen, wo sie die Geschenke für ihre Eltern versteckt haben, sie können sie einfach nicht mehr finden!
„Morgen ist Weihnachten, und wir haben für Mama und Papa kein Geschenk“, jammert Sara. „Was sollen wir jetzt tun?“, fragt David seine Schwester. Nach einigem Überlegen antwortet Sara: „Wenn wir uns gegenseitig helfen, dann schaffen wir es vielleicht, bis morgen ein neues Geschenk zu basteln.“ „Au ja, das machen wir“, stimmt David erleichtert zu.
Schnell beginnen sie gemeinsam mit der Arbeit. Sara zeichnet eine Winterlandschaft mit einem Weihnachtsbaum, und zusammen bemalen sie das Bild mit Buntstiften. David schneidet einen Engel aus Tonpapier aus, den Sara anschließend auf das Bild klebt. Sie betrachten nun einige Zeit zufrieden ihr Geschenk.
„Sara, du kannst aber gut zeichnen“, staunt David über seine Schwester. „Dein Engel ist aber auch schön ausgeschnitten“, lobt nun Sara ihren Bruder. Beide sind froh, dass sie zusammen doch noch ein so tolles Geschenk für die Eltern haben.
Viele Wochen später fand übrigens ihre Mutter die vorher versteckten Geschenke. Davids Engel lag in dem alten Vogelhäuschen, das der Vater im Keller aufbewahrte. Und Saras Bild steckte darunter!

Wir basteln einen Weihnachtsengel

Diesen Wand- oder Fensterschmuck zu gestalten, erfordert etwas Geduld und Zeitaufwand. Doch die Mühe lohnt sich, da dieses Geschenk sicher sehr viel Freude in jedes Haus bringt.
Jüngere Kinder benötigen beim Basteln des Engels etwas Hilfe, einzelne Arbeitsschritte könnten dabei von der Erzieherin ausgeführt oder unterstützt werden.

Material:	Entwurfspapier; Bleistift; Schere; Wellpappe oder Tonpapier; Stopfnadel oder Locher; bunter Blumendraht; Drahtschere; Kleber und Malstifte; Faden oder Band zum Aufhängen

Und so wirds gemacht:
Zuerst die Form des Körpers, des Kopfes und der Flügel auf Papier entwerfen. Dann die Umrisse der einzelnen Teile jeweils zweimal wahlweise auf Wellpappe oder Tonpapier übertragen und ausschneiden. An einer Körperform (d.h. dem Kleid des Engels) nun seitlich ein Paar von den Flügeln und oben eines der Kopfteile ankleben. Für die Haare vier bis fünf unterschiedlich lange Drahtstücke abknipsen und an den beiden Enden zu Locken drehen. Anschließend die einzelnen Haare in der Mitte mit Draht zusammenbinden und dabei die Enden etwas überstehen lassen. Nun werden die Haare auf die Innenseite des Kopfteils geklebt.

Anschließend das zweite Kopfteil so über das erste kleben, dass die Draht-Haare dazwischenliegen. Die zweite ausgeschnittene Körperform (das Kleid) des Engels über die erste legen und aufkleben. Wer möchte, kann noch für die Vorder- und Rückseite des Kleides einen Saum aus Papier schneiden und dazukleben.

Jetzt mit der Stopfnadel jeweils zwei Löcher für die Arme und Beine durch das Papier bohren. Wer einen Locher zur Hand hat, kann auch diesen benutzen. Aus einem längeren Stück Draht werden Arme und Beine gefertigt. Dazu wird

der Blumendraht durch die vorgefertigten Löcher gezogen und in die entsprechende Form gedreht.
Wird das Gesicht beidseitig aufgemalt, dann sieht der Engel auch als Fensterschmuck sehr dekorativ aus. Zum Schluss noch durch die Flügelenden Löcher bohren und ein Band zum Aufhängen durchziehen.

Der süße Weihnachtsbaum

Inhalt: Daniel schmückt zusammen mit seinem Vater einen Tag vor Heiligabend den Weihnachtsbaum mit Zuckerplätzchen. Er kann sich nicht beherrschen und nascht später davon. Als Entschuldigung bastelt er aus Papier Weihnachtsschmuck und hängt diesen auf. Doch auch dem Vater fällt es schwer, sich zurückzuhalten ...

Material: Kein Material erforderlich

Methode: Vorlesegeschichte mit weiterführender Bastelidee

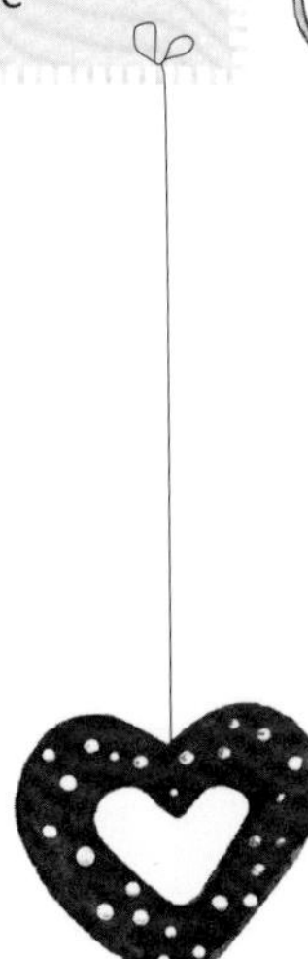

Am Tag vor Heiligabend stellt Daniel zusammen mit seinem Vater den Weihnachtsbaum im Wohnzimmer auf. In diesem Jahr beschließen sie, den Baum auch mit vielen Kleinigkeiten zum Naschen zu schmücken. Neben Nüssen und Äpfeln hängen die beiden auch Zuckerplätzchen auf, die Daniels Mutter zuvor gebacken hat. Da es Daniels Lieblingsplätzchen sind, fällt es ihm sehr schwer, nicht sofort davon zu naschen. Aber er musste seiner Mutter versprechen, die Süßigkeiten am Weihnachtsbaum nicht vor Heiligabend anzurühren.

„Ich möchte nicht, dass der Baum gleich wie eine gerupfte Gans aussieht oder wie von Mäusen angeknabbert", ermahnt ihn seine Mutter mit einem strengen Seitenblick zum Vater. Obwohl der ganz unschuldig schaut, weiß jeder in der Familie, dass auch er Süßigkeiten nicht widerstehen kann!

„Mama, schau dir unseren tollen Weihnachtsbaum an! Ist er nicht schön geworden?“, ruft Daniel seine Mutter, als er und sein Vater mit dem Dekorieren fertig sind. „Ja, er sieht wunderschön aus! Heuer haben sich meine Männer wieder einmal selbst übertroffen“, lobt Mutter die beiden. „Ich hoffe, er schaut morgen auch noch so schön aus!“, fährt sie fort.
Daniel liebt Süßigkeiten über alles, und die Tatsache, dass ausgerechnet seine Lieblingsplätzchen so verlockend am Baum duften, stellt ihn auf eine harte Probe. Den ganzen Nachmittag zieht ihn der süße Weihnachtsbaum immer wieder magisch an, und er betrachtet ihn von allen Seiten. Nach dem Abendessen hält er der Versuchung nicht mehr stand. Unbemerkt schleicht er sich ins Wohnzimmer und plündert in der hintersten Ecke des Baumes die Zuckerplätzchen. Einige isst er sofort und andere nimmt er sich als kleinen Vorrat mit in sein Zimmer. Bevor er den Raum wieder verlässt, dreht er sich an der Türe noch einmal um und betrachtet den Weihnachtsbaum. Nichts deutet darauf hin, dass ein Mäuseangriff oder Ähnliches stattgefunden hat, stellt er beruhigt fest.

Als sich am nächsten Morgen alle am Frühstückstisch versammeln, sagt Daniels Vater: „Ich glaube, wir haben doch Mäuse im Haus!“ „Wie kommst du auf so etwas?“, will Daniels ältere Schwester Mia wissen. „Nun, auf der Rückseite des Weihnachtsbaumes fehlen schon einige Plätzchen. Das habe ich bemerkt, als ich eines davon probieren, äh, ich meine, als ich den Baum kontrollieren wollte“, verbessert sich der Vater.
„So, so, du wolltest den Baum kontrollieren“, lacht Mama. „Nur gut, dass wir so einen aufmerksamen Papa haben, der die Mäuse im Haus beobachtet“, lästert sie weiter. „Daniel, hast du vielleicht so eine Maus bei uns gesehen?“, fragt ihn seine Mutter.
Daniel knabbert an seinem Frühstücksbrot und schüttelt nur verlegen den Kopf.
Um weiteren unangenehmen Fragen aus dem Weg zu gehen, beeilt er sich mit dem Frühstück und zieht sich dann auf sein Zimmer zurück. „Ich will noch meine

Rennbahn aufbauen", erklärt er nur kurz. Doch in Wirklichkeit bastelt er mithilfe seiner Schwester Mia kleine Papiersterne, die er dann anstelle der Zuckerplätzchen am Weihnachtsbaum aufhängt.
Als dies geschehen ist, ruft er seine Mutter: „Mama, komm doch bitte, ich will dir etwas zeigen!" Die Mutter betrachtet den Baum von allen Seiten und entdeckt die Papiersterne auf der Rückseite. Ein kleiner Zettel hängt ebenfalls daran: „Entschuldigung und liebe Grüße von der Maus!", steht darauf. Mama lacht und gibt Daniel einen dicken Kuss.

Weihnachtsschmuck aus Pappmaschee

Dieser Baumschmuck aus Altpapier ist federleicht, obwohl die Formen durch die Bemalung mit Lackfarbe wie schweres Metall wirken. Auch als Geschenkanhänger ist diese Weihnachtsdekoration ein schöner Blickfang.

Material:	Alter Topf; ausgediente Zeitungen; Wasser; Tapetenkleister; Kochlöffel oder Mixer; Ausstechformen (z. B. Herz, Stern, Tannenbaum); fetthaltige Creme; abwaschbare Arbeitsunterlage; wasserlösliche Lackfarben (Gold, Silber oder Bronze); Pinsel; Stopfnadel; Goldfaden oder Draht

Und so wirds gemacht:
Zuerst wird der Topf mit in kleine Stücke zerrissenem Altpapier gefüllt, das dann über Nacht in Wasser eingeweicht wird. Nun den eingeweichten Papierbrei ca. 20 Minuten lang bei niedriger Temperatur leicht köcheln lassen und mit einem Kochlöffel oder Mixer verrühren.

Anschließend wird das Wasser vorsichtig aus dem Brei ausgedrückt und abgegossen. Dabei darf der Brei aber nicht zu einer wasserlosen, harten Masse werden.
Den Tapetenkleister nach Gebrauchsanweisung anrühren und kurz aufquellen lassen. Für einen mittelgroßen Topf, gefüllt mit Altpapier, wird ca. ein halber Liter Kleister benötigt. Dann wird der Kleister unter den Papierbrei (auch „Pulpe" genannt) gerührt.
Die Innenseiten der Backformen leicht mit Creme einreiben, damit sich die getrocknete Form später gut lösen lässt. Die Ausstechformen auf eine Arbeitsunterlage legen und mit Papierbrei füllen. Nach ca. ein bis zwei Tagen Trockenzeit die Motive aus der Form drücken und beidseitig mit Lack bemalen. Zum Schluss noch mit der Nadel ein Loch in die Form bohren und einen Faden zum Aufhängen befestigen – fertig ist die Weihnachtsdekoration!

Tipp: Sollte von dem Papierbrei etwas übrig bleiben, kann dieser luftdicht verpackt und kühl gelagert über eine längere Zeit aufbewahrt werden. Ein Tropfen Nelkenöl verhindert die Schimmelbildung.

Ein Adventskalender für Oma

Inhalt:	Die Kinder überlegen, was sie ihrer Oma zu Weihnachten schenken könnten. Ganz nebenbei lernt der jüngere Bruder, Markus, einige Buchstaben kennen.
Material:	Kein Material erforderlich
Methode:	Vorlesegeschichte mit weiterführender Bastelidee zum Herstellen eines Geschenks

Jedes Jahr überlegen sich Markus und Maria zusammen mit ihrer Mutter, was sie ihrer Oma zu Weihnachten schenken wollen. Das ist gar nicht so einfach, weil Oma keine Wünsche hat und immer heftig dagegen wettert, Geld für sie auszugeben: „Ach, Kinder, ich habe alles, was ich brauche. Spart doch euer Geld und macht nicht die Geschäfte noch reicher!“, antwortet Oma immer, wenn die Kinder sie fragen, was sie sich zu Weihnachten wünscht.

„Wir können ihr ja Badesalz kaufen, wie zu ihrem Geburtstag“, schlägt Markus vor. „Oder wir malen ihr noch einmal ein Bild“, meint Maria.

„In ihrer kleinen Wohnung hat sie jetzt schon keinen Platz mehr zum Aufhängen oder Aufstellen der Bilder“, wendet Mutter ein. Wirklich an jedem freien Plätzchen in Omas Wohnung hängen Fotos und verschiedene gerahmte Kunstwerke ihrer zahlreichen Enkel. Aufbausäfte, Vitamintabletten, Badeschaum oder Badesalz stapelt sich auch schon in den Schränken. „Es ist nicht einfach, für Oma ein schönes Geschenk zu finden“, seufzt Mutter.

„Ich hab's! Wir basteln ein Geschichtenbuch für jeden Tag!“, ruft Maria. „Wie meinst du das?“, will Markus wissen. „Ich kann doch noch gar nicht schreiben!“

„Das macht nichts, Markus, du diktierst mir deine Idee, und ich schreibe für dich“, beruhigt Maria ihren Bruder. „Oma will doch immer wissen, was wir so erleben“, erklärt Maria ihrem jüngeren Bruder, der noch in den Kindergarten geht. „Das ist eine gute Idee! Ihr überlegt euch eine kleine Geschichte für jeden Tag, Maria schreibt sie auf, und Markus malt ein schönes Bild dazu“, schlägt die Mutter vor.
Sofort machen sich die Kinder ans Werk, und weil sie wissen, dass Oma Geschichten über alles liebt, geben sie sich besonders große Mühe. Sie basteln zusammen ein kleines Faltbuch aus besonders schönem Papier. Auf die Rückseiten schreibt Maria die Geschichten auf, und Markus malt auf die Vorderseiten passende Bilder dazu oder klebt mit Maria zusammen aus Papierresten schöne Collagen auf.
Er interessiert sich aber auch schon bald für die geheimnisvollen Zeichen, die seine Schwester aufschreibt, und lernt ganz nebenbei einige Buchstaben kennen.

→ *Erzieherin: „Kennt ihr auch schon ein paar Buchstaben?“*

Maria ist stolz, ihr Wissen an den jüngeren Bruder weitergeben zu können. Während ihrer gemeinsamen Arbeit an Omas Geschenk werden seine Kenntnisse immer besser, worauf Markus auch sehr stolz ist. Denn schließlich ist er ja schon fast ein Vorschulkind!
Rechtzeitig zum Weihnachtsfest werden die Kinder fertig und überreichen ihrer Oma das Geschenk. Besonders überrascht ist Oma, als Markus ihr einige Buchstaben aus dem Faltbuch vorliest. „Das ist ja eine tolle Überraschung! Da habt ihr euch aber viel Mühe gegeben“, sagt Oma gerührt und schließt ihre Enkelkinder in den Arm.
„Ja, und ich weiß auch, mit welchem Buchstaben mein Name beginnt, mit MMMM!“, ruft Markus begeistert. „Und deiner beginnt mit OOOOO!“ „Und Weihnachten beginnt mit WWWW“, lacht Maria.

→ *Erzieherin: „Kinder, wisst ihr, mit welchem Buchstaben euer Name beginnt?“*

Geschenkidee: Weihnachtliche Collage

Material:	Weißes Zeichenpapier; schwarzer Filzstift; Buntstifte; Schere; Papierkleber; buntes Tonpapier

Und so wirds gemacht:

Die Umrisse des Motivs mit schwarzem Filzstift auf das weiße Papier zeichnen. Anschließend wird das Bild mit Buntstiften ausgemalt. Das Motiv jetzt so ausschneiden, dass neben der Umrisslinie ein kleiner, weißer Rand stehen bleibt. Wird diese Zeichnung nun auf ein farblich passendes Tonpapier geklebt, bilden Motiv und Hintergrund einen schönen Kontrast. Wer möchte, kann sein Werk noch mit weiteren Einzelheiten ausschmücken, z. B. mit Sternen, Tannenbäumen etc.

Mandelplätzchen für die Hasen

Inhalt: Mutter backt, wie jedes Jahr, Weihnachtsplätzchen, die nicht gelingen und danach an die Hasen verfüttert werden. Doch dieses Jahr hat Julia eine Idee, wie die missratenen Plätzchen, die keiner haben will, weiterverwertet werden können.

Material: Kein Material erfoderlich

Methode: Vorlesegeschichte mit weiterführender Idee zum Basteln und Herstellen essbarer Schneemänner

Mama backt schon wieder Plätzchen", flüstert Julia mit besorgtem Gesicht ihrem Bruder Felix ins Ohr. „Anscheinend hat sie vergessen, dass sie letztes Jahr wütend gesagt hat, nie wieder Weihnachtsplätzchen backen zu wollen! Das sollte doch ihr letzter Versuch sein", antwortet Felix.
„Die meisten Plätzchen des vergangenen Jahres haben wir noch bis Ostern unseren armen Zwerghasen zum Knabbern gegeben, die armen Tiere!", grinst Julia frech zu ihrem Bruder. Bevor sich die beiden in ihr Zimmer verziehen, schauen sie lachend in die Küche, wo Mutter und ihre jüngste Schwester Nina sich hoffnungsvoll ans Werk machen. Nina freut sich seit Tagen darauf, zusammen mit ihrer Mutter Plätzchen für Weihnachten backen zu dürfen. Sie kniet auf dem Stuhl und knetet eifrig ein Stück Teig auf dem Küchentisch. „Dieses Jahr werdet ihr meine Mandelplätzchen bewundern und euch darum streiten!", kündigt Mutter zuversichtlich ihren Großen an, weil sie genau weiß, warum die beiden feixend vor der Türe stehen.

Kurze Zeit später hören Julia und Felix jedoch die ersten unwilligen Geräusche aus der Küche. „Ach nein! Von wegen leicht auszustechende Mandelsterne, der blöde Teig klebt an den Formen, bröckelt ab und die Sterne reißen ein! Jedes Jahr dasselbe!“, zetert Mutter.
Nina hingegen findet das Backen gar nicht langweilig. Munter formt sie Kugeln, rollt den Teig zu Schlangen und lässt sich dabei nicht aus der Ruhe bringen. Im Gegensatz zu ihrer Mutter hat Nina viel Spaß am Backen. Kurze Zeit später kommen Julia und Felix in die Küche, weil sie bemerken, dass es im Hausflur komisch riecht.
„O weh, meine Plätzchen verbrennen!“, jammert Mutter. Schnell zieht sie das Backblech mit den Mandelsternen, die schon dunkelbraun gefärbt sind, aus dem Ofen.
„Weil auch niemand ans Telefon geht, wenn es läutet!“, beklagt sie sich bei den Kindern. „Oma hat angerufen und gefragt, ob sie an Heiligabend einen Weihnachtsstollen mitbringen soll. Jetzt kann ich sie gleich noch mal anrufen und fragen, ob sie nicht auch noch Mandelsterne backen will. Ich für meinen Teil habe jetzt endgültig genug vom Backen!“, ruft sie wütend.
„Ärgere dich nicht, Mama! Ich habe eine Idee, wie wir die Plätzchen noch verwenden können“, tröstet Julia ihre Mutter. „Ja, ich weiß schon. Unsere Zwerghasen freuen sich schon auf leckeres Weihnachtsgebäck“, antwortet sie missmutig. „Einen Teil können wir aber auch anderweitig verwenden. Wir bestreichen die Plätzchen mit Zuckerguss und schreiben mit Zuckerfarbe Namen darauf. Dann haben wir statt Mandelplätzchen Tischkärtchen für Weihnachten“, schlägt Julia ihrer Mutter vor. „Das ist doch mal eine gute Idee!“, antwortet Mutter und zieht eine Grimasse.

„Wenigstens hat Nina ihren Spaß am Backen gehabt“, tröstet sie sich. „Schaut nur mal die schönen Sterne an!“ „Ja, Nina, deine Plätzchen sind toll geformt!“, lobt nun auch Felix seine kleine Schwester. „Na, wenigstens einer in

der Familie kann backen“, lacht nun auch die Mutter. „Meine Plätzchen schmecken auch klasse“, strahlt Nina über das ganze Gesicht.

„Unsere Hasen müssen aber in Zukunft auf Weihnachtsgebäck verzichten. Ich backe bestimmt im nächsten Jahr keine Plätzchen mehr!“, sagt die Mutter fest entschlossen. „Das hast du letztes Jahr auch schon gesagt“, lachen die Kinder und schauen ihre Mutter verschmitzt an.

Plätzchen als Tischkarten

Die Tischkarten aus leckeren Plätzchen, die in der Geschichte vorkommen, kann man auch selbst basteln – natürlich am besten mit gelungenen Plätzchen ...

Zutaten: Selbst gebackene oder gekaufte Plätzchen; Zuckerguss; Lebensmittelfarbe in Tuben

Und so wirds gemacht:
Die Plätzchen zuerst mit Zuckerguss bestreichen. Wenn dieser trocken ist, mit den Lebensmittelfarben den Namen daraufschreiben.

Der essbare Schneemann

Eine leckere Alternative zum Plätzchenbacken ist die Herstellung süßer Schneemänner, die sich gut auch in größeren Gruppen mit gekauften Zutaten herstellen und basteln lassen.

Zutaten:	Puderzucker; etwas Zitronensaft; Pfeffernüsse (kleine weiße Lebkuchen); runde Schokoringe (z. B. dünne Schokoladenlebkuchen oder Lakritzschnecken); Dominosteine; Schokoladenstäbchen; bunte Lebensmittelfarbe in Tuben

Und so wirds gemacht:

Puderzucker mit Zitronensaft zu einem dicken Guss verrühren, damit werden die Einzelteile dann zusammengeklebt.

Zwei Pfeffernüsse an den flachen Seiten mit Guss bestreichen und zu einer Kugel zusammensetzen. Nun die Kugel auf einen Schokoladenring kleben – gut festhalten, bis alles angetrocknet ist.

Eine weitere Pfeffernuss wird als Kopf mit der runden Seite auf den Bauch geklebt. Den Hut, bestehend aus einem Schokoladenring und einem Dominostein, am Kopf festkleben und das Schokoladenstäbchen seitlich als Besenstiel anbringen. Zum Schluss mit der Lebensmittelfarbe ein Gesicht aufmalen – fertig ist der süße Schneemann!

Schon wieder Dattelmännchen!

Inhalt: Eine ältere Tante, die den Kindern immer Dattelmännchen mitbringt, kommt zu Besuch. Anfangs sind die Kinder nicht begeistert, am Kaffeetisch sitzen zu müssen. Aber die pfiffige Tante hat eine Überraschung!

Material: Kein Material erforderlich

Methode: Vorlesegeschichte mit weiterführender Idee zum Basteln

Morgen Nachmittag kommt Tante Paula zum Kaffee", verkündet Mutter ihren Kindern. „O nein!", stöhnen Kai und Tabita und schauen sich dabei genervt an. „Das bedeutet, geschniegelt und gestriegelt am Kaffeetisch zu sitzen! Ich will morgen Anna besuchen!", ruft Tabita. „Und ich will morgen zu Simon! Und auf die alten Dattelmännchen hab ich auch keine Lust!", protestiert nun auch Kai. „Nun seid mal nicht so unhöflich!", antwortet Mutter ärgerlich. „Tante Paula will euch mit ihren Dattelmännchen eine Freude machen. Das war früher in ihrer Familie nun einmal so Brauch, jedes Kind hat zum Nikolaustag ein Dattelmännchen bekommen. Außerdem warne ich euch: Wenn wieder so ein Theater wie beim letzten Mal stattfindet, dann bekommt ihr gewaltigen Ärger mit mir!", fügt Mutter mit einem warnenden Blick auf ihre Kinder hinzu.

Grinsend schauen sich die beiden an und erinnern sich nur zu gut an das Pupskonzert am Kaffeetisch! „Wir wollten doch nur ausprobieren, ob Tante Paula das noch hören kann", verteidigt sich Tabita und feixt dabei zu Kai, der zustimmend nickt. „Ihr seid mir eine Räuberbande! Auch wenn Tante Paula schon älter ist, ich bin überzeugt, dass sie sehr wohl alles mitbekommt", antwortet die Mutter.

Am nächsten Tag sitzen Kai und Tabita zunächst auch etwas mürrisch am Kaffeetisch. Tante Paula erzählt ihnen von Weihnachten, wie sie es als Kind erlebt hat. Die Kinder hören ihr mittlerweile interessiert zu. Bevor Tante Paula wieder geht, zieht sie ihre geliebten Dattelmännchen aus der Tasche. „Ich habe euch natürlich auch wieder etwas mitgebracht. Solche Dattelmännchen habe ich früher mit meinen Kindern selbst gebastelt. Außer diesen Männchen gab es früher nicht mehr viel dazu, vielleicht noch ein paar Nüsse oder etwas Obst. Aber heutzutage verbirgt so ein Männchen vielleicht noch eine kleine Überraschung!“, verabschiedet sich Tante Paula geheimnisvoll lächelnd von den Kindern.
„Eigentlich wäre mir Schokolade lieber gewesen“, gesteht Kai seiner Schwester und betrachtet das Dattelmännchen. „Ich stehe auch nicht gerade auf so vertrocknetes Zeug“, sagt Tabita und knabbert vorsichtig an einer Dattel. „Schmeckt gar nicht so schlecht! Kai, probier doch mal, ich glaube, wir hätten sie nicht immer an unseren Nachbarshund verfüttern sollen!“ Als Kai sein Dattelmännchen von allen Seiten betrachtet, findet er unter der Kleidung des Männchens einen kleinen Zettel. „Tabita, schau her, ich glaube, das ist die Überraschung, von der Tante Paula gesprochen hat!“

Als Mutter wieder zu Hause ist, liest sie den Kindern vor, was auf diesem Zettel geschrieben steht:

„Einen kleinen Dattelmann,
der wie ihr frech pupsen kann,
den gibt es leider nicht.
Doch während ich zu Haus trink Punsch,
nimmt er entgegen euren Wunsch,
dieser kleine Wicht.
Also lasst mich nicht lange raten,
wollt ihr Puppe, Fußball, Spaten?
Sagt, was euch das Christkind bringen soll,
denn ich find euch beide toll!

Eure Tante Paula“

„Das ist aber lieb“, sagt Kai etwas verlegen. „Ich hätte nicht gedacht, dass Tante Paula so witzig sein kann!“, antwortet Tabita, und zusammen überlegen sie, wie sie ihrer Tante mit einem Geschenk zu Weihnachten auch eine Freude machen können.

Geschenkidee: *Lesezeichen*

Folgende Anregung lässt sich schnell und mit wenig Zeit- und Kostenaufwand auch schon mit den Kleinsten umsetzen.

Material: Einfarbiges, festes Tonpapier; Schere; Fingerfarben oder Stempelkissen; Filz- oder Buntstifte; Locher; Wollfadenreste

Und so wirds gemacht:
Einen rechteckigen Streifen von ca. 18 x 5 cm aus dem Tonpapier zurechtschneiden. Die Fingerspitze in die Farbe tauchen bzw. auf das Stempelkissen drücken und einen Abdruck auf dem Papier ausprobieren. Je öfter mit der Fingerspitze auf das Papier gedruckt wird, ohne erneut den Finger in die Farbe zu tauchen, desto heller erscheint die Farbe. Nach dem Trocknen werden die Abdrucke mit Bunt- oder Filzstiften weiter ausgestaltet.
Wer möchte, kann noch mit einem Locher ein Loch ausstanzen, einen Wollfaden durchziehen und festknoten. Fertig ist das Lesezeichen – ein schönes Geschenk für alle Leseratten!

Die gemütliche Teestunde

Inhalt:	Chiara schenkt ihrer Mutter als Pause während der hektischen Vorbereitungszeit zu Weihnachten eine gemütliche Teestunde. Dabei erwischt Chiara aus Versehen eine Flasche mit Reinigungsmitteln. Die Mutter wird darauf aufmerksam und beschriftet zusammen mit ihrer Tochter alle gefährlichen Flüssigkeiten.
Material:	Evtl. ein roter wasserfester Filzstift
Methode:	Vorlesegeschichte. Im Anschluss kann mit den Kindern besprochen werden, welche gefährlichen Flüssigkeiten sich auch im Kindergarten befinden. Es empfiehlt sich, diese Flaschen gemeinsam mit den Kindern zu markieren.

Chiara, das Nesthäkchen in der Familie, beobachtet ihre größeren Geschwister, wie sie für ihre Eltern zu Weihnachten Geschenke basteln und Weihnachtskarten gestalten. Chiara selbst kann noch nicht schreiben und überlegt schon einige Zeit, was sie ihrer Mutter schenken könnte. Doch auch die Geschwister können ihr nicht weiterhelfen oder nehmen sich für Chiara keine Zeit. Überhaupt geht es so kurz vor Weihnachten sehr hektisch im Haus zu. Besonders Mutter läuft gestresst umher. „Jetzt wird es langsam wieder Zeit für eine Pause, mit einem schönen Buch und einer Tasse Tee“, hört Chiara ihre Mutter sagen. „Ich schenke Mama eine Pause!“, denkt sich Chiara begeistert. Sofort macht sie sich in ihrem Zimmer daran, mit dem Puppengeschirr den Tisch zu

decken und alles liebevoll vorzubereiten. Aus dem Wohnzimmer holt sie sich ihr Lieblingsbuch, aus der Küche zwei Servietten und füllt ihre kleine Teekanne mit Wasser. Ganz geschäftig läuft sie hin und her. Nachdem alles vorbereitet ist, schaut sich Chiara zufrieden um. Da fällt ihr ein, dass ihre Mutter noch immer etwas Zitronensaft in den Tee gibt.
Sie läuft zurück in die Küche und öffnet den Kühlschrank, doch leider ist keine Zitrone im Haus. Auf der Spüle sieht sie eine Flasche stehen, auf deren Etikett eine große Zitrone abgebildet ist. Sie nimmt die Flasche mit auf ihr Zimmer und ruft anschließend ihre Mutter.
„Das ist lieb von dir, Chiara! Eine Pause hat mir noch niemand geschenkt!“, bedankt sie sich bei ihrer Tochter und setzt sich an den Tisch. Doch plötzlich stutzt die Mutter, als sie die Flasche im Kinderzimmer entdeckt! Nachdem sie sich von ihrem ersten Schreck erholt hat und sicher ist, dass Chiara auch wirklich nichts aus der Flasche angerührt hat, erklärt sie ihrer Tochter, wie gefährlich es sein kann, wenn man so eine Flüssigkeit trinkt. Darin ist nämlich ein scharfes Reinigungsmittel enthalten. „Damit du solche Flaschen nicht wieder verwechselst, holen wir jetzt einen dicken, roten Stift, und dann malst du ein großes Kreuz auf das Etikett. So vergisst du nicht, dass diese Flüssigkeiten nur zum Putzen da sind“, erklärt die Mutter.
Als Chiara alle gefährlichen Flüssigkeiten im Haus mit einem dicken, roten Kreuz gekennzeichnet hat, setzen sich beide wieder an den gedeckten Puppentisch. Sie kuscheln, trinken eine Tasse Tee, und Mama liest Chiara aus ihrem Lieblingsbuch vor.

Früchtepunsch aus Tee

Zutaten für ca. 8 Personen:	2 Liter Früchtetee; etwas Honig; 1 Liter Kirschsaft, 4 Orangen, 2 Zitronen; Gewürznelken

Und so wirds gemacht:
Zuerst den Früchtetee aufkochen und anschließend mit etwas Honig süßen. Den Kirschsaft dazugeben, 2 Orangen auspressen und den Saft dazugießen. Die Zitronen und die beiden anderen Orangen schälen, in Stücke schneiden und in die Flüssigkeit geben; zusammen mit den Gewürznelken erhitzen (nicht aufkochen!) und ziehen lassen. Der Punsch wird warm serviert.

Zauberhafte Weihnachtszeit

Geschichten zum Vorlesen und Weiterspielen

Beeil dich, Anna!

Inhalt: Anna wünscht sich Ruhe in der Adventszeit und will mehr Zeit mit der Familie verbringen, denn die Vorweihnachtszeit mit den vielen Terminen und Weihnachtseinkäufen ist ihr zu hektisch und zu unruhig.

Material: Kein Material erforderlich

Methode: Vorlesegeschichte mit weiterführenden Ideen und Impulsen

Erwachsene sprechen oft von der „schönen Weihnachtszeit“ und von der Vorfreude im Advent auf Heiligabend. Sie reden davon, zusammen mit den Kindern zu basteln, zu backen und sich gemütlich Weihnachtsgeschichten zu erzählen oder vorzulesen. Ja, es sollte eine ruhige, besinnliche Zeit sein, die sich wohltuend vom restlichen Jahr abhebt. Doch leider vergessen sie immer öfter, die Vorweihnachtszeit auf diese Art zu verbringen. Davon kann Anna ein Lied singen:
Anna sitzt in ihrem Zimmer und will gerade damit anfangen, kleine Strohsterne zu basteln, als sie ihre Mutter aus der Küche rufen hört: „Beeil dich, Anna! In zehn Minuten beginnt die Weihnachtsfeier, und du bist noch nicht umgezogen!“
„Das ist schon die zweite Weihnachtsfeier in diesem Monat“, denkt Anna verärgert. „Nächste Woche steht ein Weihnachtsbasar, eine Weihnachtskrippenausstellung und noch eine Weihnachtsfeier auf dem Programm“, stöhnt sie vor sich hin.

„Mama, warum müssen wir es immer so eilig haben?“, fragt sie genervt ihre Mutter. „Ständig rennt einer aus der Familie zu irgendeinem Weihnachtsfest, erledigt Weihnachtseinkäufe oder verbreitet Hektik im Haus. Und das soll eine besinnliche Adventszeit sein? Darunter stelle ich mir aber etwas anderes vor!“, beklagt sich Anna weiter.
Die Mutter hört ihr aufmerksam zu und wird dabei immer nachdenklicher. „Eigentlich hast du ja recht, Anna! Wir hetzen ja das ganze Jahr schon von Termin zu Termin und sollten es in der Adventszeit wirklich etwas ruhiger angehen“, überlegt sie. „Ich verspreche dir, dass wir uns in der letzten Woche vor Weihnachten mehr Zeit füreinander nehmen!“
Sie beschließen, einige Termine in der nächsten Woche einfach zu streichen! Gemeinsam backen sie Weihnachtsstollen. Außerdem basteln und malen sie für Oma und Opa die Geschenke, anstatt im Einkaufszentrum stundenlang etwas zu suchen. Sie schreiben für Onkel Burkhard einen Gutschein mit dem Versprechen, für ihn einmal das Schneeschaufeln zu übernehmen. An den Abenden sitzt die ganze Familie im Kaminzimmer und spielt Memory oder ein anderes Spiel. Und zum Abschluss des Tages erzählen die Eltern abwechselnd immer eine kurze Weihnachtsgeschichte.
„So stelle ich mir eine schöne Adventszeit vor“, freut sich Anna und gibt ihren Eltern vor dem Schlafengehen einen dicken Kuss.

Nimm dir Zeit!

Die größte Freude haben Kinder – ob zu Hause oder in der Gruppe –, wenn sich die Erwachsenen Zeit für sie nehmen. Die Zuwendung, die sie beim gemeinsamen Spiel erfahren, ist dabei das wertvollste Geschenk. Folgende Anregungen sind schnell umzusetzen, benötigen wenig Vorbereitung und können einfach in den Tagesablauf eingebaut werden.

Bewegungsspiel

Gruppengröße: Kleingruppe oder ganze Gruppe

Wenn es draußen dunkel oder düster ist und die Kinder unruhig oder gelangweilt sind, bietet sich dieses Spiel an:

Es fängt an zu schneien. Schneeflocken tanzen und treiben im Raum herum.

→ *Die Kinder bewegen sich im Raum.*

Dieses fröhliche Schneetreiben könnte ewig so weitergehen, wenn da nicht die Sonne wäre!

→ *Ein Kind oder die Erzieherin steht am Lichtschalter.*

Sobald die Sonne aufgeht,

→ *Licht an*

stehen alle Kinder wie erstarrt und schmelzen dann dahin.

→ *Die Kinder erstarren mitten in der Bewegung und legen sich nach einer kurzen Zeit langsam auf den Boden.*

Zieht sich aber die Sonne hinter den Wolken zurück,

→ *Licht aus*

kann der fröhliche Tanz der Schneeflocken wieder beginnen!

Wer den Sonnenaufgang nicht bemerkt, scheidet aus! Der Gewinner darf in der nächsten Runde am Lichtschalter stehen.

„Stille"-Spiel

Gruppengröße: Kleingruppe oder ganze Gruppe

Wir sammeln gemeinsam Beispiele, was um uns herum alles still und leise passiert:

- *Schnee fällt leise.*
- *Bäume wachsen leise.*
- *Kinder wachsen leise.*
- *Blätter fallen leise.*
- *Wolken ziehen leise.*
- *Vögel fliegen leise.*
- *Schnecken kriechen leise.*
- *Sterne funkeln leise am Himmel.*
- *etc.*

Wer kann ohne Worte (d.h. pantomimisch) vorspielen, was leise ist? Welche stillen Momente gibt es in der Adventszeit, die die Kinder besonders mögen?

Der Ochse

Inhalt: Der Kindergarten plant eine Theateraufführung. Robert spielt im Krippenspiel den Ochsen und ist über seine Rolle nicht glücklich, da er keinen Text sprechen darf. Als er sich endlich mit seiner Aufgabe anfreundet, kommt alles ganz anders ...

Material: Kein Material erforderlich

Methode: Die Geschichte wird in der Gruppe vorgelesen, danach bietet sich das unten stehende kleine Gebet als Fingerspiel an.

Die Kinder aus der Regenbogengruppe, zu der auch Robert gehört, wollen für die diesjährige Weihnachtsfeier im Kindergarten ein Krippenspiel aufführen. Seit Wochen proben die Kinder zusammen mit der Kindergartenleiterin, Frau Fendt, dafür. Sie basteln den großen Stern, die Kronen der Heiligen Drei Könige und bauen aus Karton und Styropor den Stall und die Krippe von Betlehem. Eifrig bemalen die Kinder selbst hergestellte Masken für die Tiere, die im Stall um die Krippe herumstehen.

Je näher aber der Termin für die Aufführung rückt, desto unzufriedener ist Robert mit seiner Rolle. Er soll den Ochsen spielen, der im Stall hinter der Jesuskrippe steht. „Es ist die einzige Rolle, bei der kein Text gesprochen wird. Der Esel darf wenigstens ‚Iah!‘ sagen und die Schafe vor dem Stall dürfen ‚Mäh!‘ rufen. Ich dagegen stehe nur dumm auf der Bühne herum!“, ärgert er sich zu Hause.

„Was wäre denn der Stall in Betlehem ohne den Ochsen? Das wäre doch ein armseliges Krippenspiel“, versucht Roberts Mutter ihn zu trösten. „Das hat Frau Fendt auch gesagt“, antwortet Robert. „Na, siehst du, jeder der mitmacht, trägt zum Gelingen der Aufführung bei, und sei sein Beitrag auch noch so klein“, versichert die Mutter.
In den nächsten Tagen freundet sich Robert mit seiner Rolle immer mehr an, zumal es ihm auch Spaß macht, den großen Ochsenkopf zusammen mit den anderen Kindern zu basteln und zu bemalen. Zur Generalprobe setzt Robert den Ochsenkopf zum ersten Mal auf, und alle bewundern die Maske, die wirklich gut gelungen ist.
Paul, ein anderes Kind aus der Regenbogengruppe, hat Halsschmerzen und kann während der Probe kaum sprechen. Er krächzt eher wie ein Rabe. Dabei soll er einen der Heiligen Drei Könige spielen! „Ach du meine Güte! Bis morgen wird deine Stimme sicher nicht besser werden!“, befürchtet die Kindergartenleiterin. Doch dann hat sie eine Idee:
„Paul und Robert, ihr müsst die Rollen tauschen! Den Ochsen kann Paul auch ohne Stimme darstellen. Und Robert lernt, so gut es geht, den Text von Paul. Das ist die einzige Möglichkeit, die Aufführung für morgen noch zu retten!“, überlegt sie.
„Ich möchte lieber den Ochsen spielen, dann blamiere ich mich nicht, wenn ich den Text vergesse“, sagt Robert verunsichert. „Du brauchst keine Angst zu haben, ich steh ja an der Bühne und helfe dir, falls du nicht weiterweißt“, beruhigt ihn die Lehrerin.
Bis kurz vor der Aufführung hat Robert großes Lampenfieber. Sehnsüchtig wünscht er sich

die Rolle des Ochsen zurück. Aber nun ist es zu spät! Der Vorhang der Theaterbühne geht auf, und das Stück beginnt. Die Zuschauer applaudieren immer wieder, denn die Weihnachtsaufführung bereitet ihnen viel Freude.
Frau Fendt muss Robert zwar ab und zu helfen, doch das fällt dem Publikum nicht auf. Am Ende des Theaterstücks bedankt sich Frau Fendt bei den Kindern für die tolle Aufführung. Sie lobt ihren Fleiß beim Basteln der Tiermasken und Dekorieren der Bühne, und alle Zuschauer im Saal stimmen ihr mit lautem Beifall zu.

Gebet (Fingerspiel)

Das ist die Krippe vom Jesuskind. Dazu die Tiere, zeig ich dir geschwind.	*Die Hände im Flechtgriff halten.*
Das sind die Schafe, eins, zwei, drei.	*Die kleinen, Mittel- und Ringfinger aneinanderlegen – das sind die Schafe*
Der Esel, der steht auch dabei.	*Die Zeigefinger aneinanderlegen – der Esel*
Der Ochse liegt im weichen Stroh,	*Die Daumen zu den gefalteten Händen legen – der Ochse*
und alle sind wir richtig froh, dass du, Heiland, geboren bist. Steh uns bei, Herr Jesu Christ.	*Das Gebet fortführen*

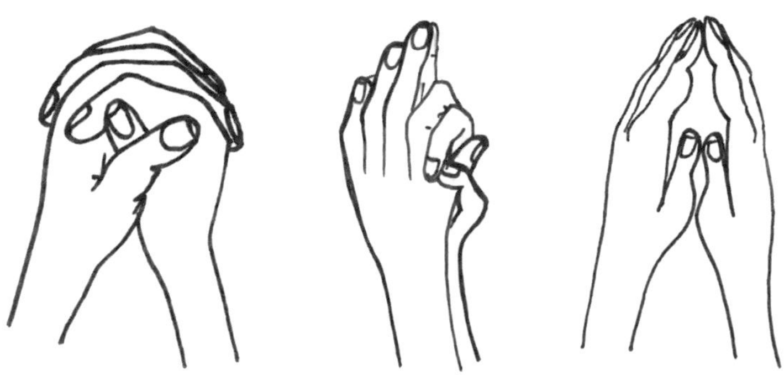

Nüsse für die Waldweihnacht

Inhalt:	Waldtiere belauschen eine Familie, wie sie über das Weihnachtsfest redet, und planen daraufhin, selbst das Weihnachtsfest im Wald zu feiern.
Material:	Kein Material erforderlich
Methode:	Vorlesegeschichte zum Nacherzählen und Nachspielen mit weiterführenden Spielideen.

Im winterlich verschneiten Wald sitzt die alte und kluge Eule Rosa hoch oben auf einer Tanne und betrachtet den Sonnenuntergang. Es sind nur noch wenige Tage bis Heiligabend, als die Stille im Wald von Stimmen unterbrochen wird. Der Förster macht mit seinen beiden Kindern Jonas und Emma einen Abendspaziergang. Er erzählt ihnen gerade von Weihnachten und findet auch in der Eule Rosa eine aufmerksame Zuhörerin. Unbemerkt von allen, fliegt sie von Baum zu Baum und folgt dem Förster, um ja nichts von seinen Erzählungen zu verpassen. „Früher wurde der Weihnachtsbaum auch Lebensbaum genannt, als Erinnerung daran, dass Christus uns ein neues Leben schenken kann", hört Rosa den Förster zu seinen Kindern sprechen. „Es ist ein schöner Brauch, den Christbaum zu schmücken. Die Kerzen sind ein wichtiges Symbol und bedeuten: Jesus ist das Licht der Welt, eine helle, leuchtende Flamme in der Dunkelheit für alle hier auf der Erde", erklärt der Förster weiter.

„Und unser Christbaumschmuck?“, will Jonas wissen. „Die Christbaumkugeln erinnern an die runden Paradiesäpfel. Aber sie sind auch als Symbol für die Erdkugel gedacht“, antwortet der Förster. „Das bedeutet: Das Kind in der Krippe kommt zu den Menschen auf der ganzen Welt!“, fährt er fort.
„Der Gold- und Silberschmuck, mit dem wir unseren Tannenbaum schmücken, der erinnert uns an den Stern von Betlehem, der den Hirten und den Königen den Weg zur Krippe gezeigt hat, nicht wahr, Papa?“, unterbricht ihn Emma.
Während die drei weiter durch den Schnee stapfen, kommt die Eule Rosa ins Grübeln: „Christbaumschmuck haben wir zwar nicht im Wald, aber ein Weihnachtsfest sollten wir hier trotzdem auch feiern“, überlegt sie sich. Am nächsten Tag trommelt die Eule alle Tiere im Wald zusammen, und nachdem Rosa von ihrer abendlichen Begegnung berichtet hat, beschließen sie, ebenfalls die Geburt von Jesus zu feiern. Schließlich ist Gottes Sohn ja auch für die Tiere da!
„Wenn wir alle etwas von uns hergeben, könnten wir auch einen Weihnachtsbaum schmücken“, schlägt der Hase vor. Und als sich die Tiere am Abend wieder treffen, hat jeder eine Kleinigkeit zum Schmücken des Baumes dabei. Mit Nistmaterial, getrockneten Äpfeln, Tannenzapfen oder Blättern wird eine kleine Tanne im Wald geschmückt. Die Elster bringt sogar goldenes Lametta mit, das sie im letzten Winter von einem Weihnachtsbaum der Menschen ergattert hat.
Nur das Eichhörnchen möchte von seinen Nüssen nichts abgeben, weil es befürchtet, sonst für die restliche Winterzeit nicht genügend Vorräte zu haben. Immer wieder zählt es die Nüsse in seinem Versteck zusammen. Mit sich im Widerstreit, ob es die leckeren Nüsse mit den anderen Tieren teilen soll, überlegt das Eichhörnchen hin und her. Dann entschließt es sich doch schweren Herzens, einen Teil der Vorräte mitzunehmen und gemeinsam mit den anderen Weihnachten zu feiern.

An Heiligabend treffen sich die Tiere vor ihrem geschmückten Tannenbaum. Plötzlich hören sie Stimmen, und alle verstecken sich schnell im dichten Unterholz. Schwer bepackt sehen sie den Förster und seine Kinder in Richtung Futterkrippe durch den Schnee stapfen. „Auch die Waldtiere sollen an Weihnachten eine tüchtige Futterration zusätzlich bekommen“, hören sie den Förster leise zu seinen Kindern sagen.
Groß ist die Freude der Tiere, als sie später zu der Futterstelle laufen. Rüben, Möhren, Kastanien, Zweige und Reisig von Obstbäumen und viel Heu liegen für sie bereit. Das Beste, worüber sich vor allem das Eichhörnchen freut, ist ein großer Sack voller Nüsse, der offen neben der Futterkrippe steht!

Spiele mit Nüssen

Nüsse verschenken

Gruppengröße:	Kleingruppe
Material:	Jede Menge Nüsse und Würfel

Jeder Mitspieler erhält dieselbe, vorher abgesprochene Menge Nüsse, z.B. 5 Stück. Gewürfelt wird gegen den Uhrzeigersinn. Das erste Kind beginnt. Wenn eine 1 gewürfelt wird, wird eine Nuss in die Mitte gelegt, bei der 5 eine Nuss an den vorherigen Mitspieler weitergegeben. Gewinner ist, wer zuerst keine Nuss mehr hat. Dieser Spieler darf zum Lohn alle Nüsse in der Mitte aufessen (Vielleicht teilt er sie ja auch mit seinen Mitspielern).

Nuss verstecken

Gruppengröße:	Ganze Gruppe oder Kleingruppe
Material:	Eine vergoldete Nuss

Etwas versteckt, doch trotzdem für alle sichtbar, wird eine vergoldete Nuss in das Zimmer gelegt. Wer sie entdeckt, setzt sich still auf seinen Stuhl. Es darf nichts verraten werden, damit die anderen weitersuchen können. Stillhalten fällt oft sehr schwer!

Nüsse erraten

Gruppengröße:	Ganze Gruppe oder Kleingruppe
Material:	Unterschiedliche Nüsse; ein Säckchen

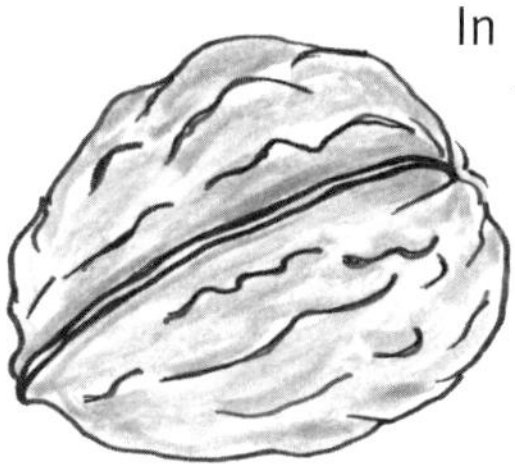

In einem Säckchen werden etliche verschiedene Nusssorten bereitgehalten. Ohne hineinzublicken, betasten die Kinder die Nüsse. Ist es eine Walnuss, eine Haselnuss, eine Erdnuss oder Paranuss? Wer kennt die Namen der unterschiedlichen Sorten? Die erratene Nuss darf später geknackt und gegessen werden.

Nüsse sortieren

Gruppengröße:	Ganze Gruppe oder Kleingruppe
Material:	Jeweils zwei Nüsse unterschiedlicher Sorten; ein Säckchen

In ein Säckchen werden jeweils zwei Nüsse pro Sorte gesteckt. Nachdem das Kind eine Nuss herausgeholt und befühlt hat, benennt es die Sorte. Wer findet die zweite, dazu passende Nuss?

Wer knackt die Nuss? Einige Weihnachtsrätsel

Knuspert, knuspert, Mäuschen,
es hängt am Hexenhäuschen.
Schmeckt auch zu Weihnachten ganz fein,
mit Pfefferkuchenteig, was kann das sein?
(Lebkuchen)

Er erstrahlt in hellem Licht,
hat bunte Kugeln oder auch nicht.
Geschenke legt das Christkind unter ihm nieder,
und wir singen schöne Weihnachtslieder.
(Weihnachtsbaum)

Kaspar, Melchior und Balthasar,
folgten ihm lange, das ist wahr.
Er führte sie zur Krippe in einem Stall,
sein Leuchten sah man überall.
(Stern von Bethlehem)

Er beißt mit seinen Zähnen drauf
und bricht die Nüsse für uns auf!
(Nussknacker)

Er ist mal störrisch, doch meist brav.
Er ist kein Hund und auch kein Schaf.
Auf ihm brachte einst, nicht ganz bequem,
Josef seine Maria nach Bethlehem.
(Esel)

Zu Weihnachten hat man sie besonders gern.
Man knackt die Schale und isst den Kern.
(Nüsse)

Von Gott werden sie gesandt,
zu helfen in schweren Zeiten.
Mit goldenen Flügeln und in weißem Gewand
wollen sie uns immer begleiten.
(Engel)

Maria und Josef beschützten es
vor Hunger und eisigem Wind.
Sie brachten es im Stall zur Welt,
das kleine ...
(Jesuskind)

Panda liebt Zimtsterne

Inhalt:	Die Kinder wollen die Großeltern, die zu Besuch kommen, mit selbst gemachten Plätzchen überraschen. Aber ihr Hund Panda macht ihnen einen Strich durch die Rechnung!
Material:	Kein Material erforderlich
Methode:	Vorlesegeschichte mit anschließendem Spielvorschlag: Massage zur Entspannung

Lisa und Timmi lieben den ersten Weihnachtsfeiertag besonders, weil sie diesen Tag immer gemeinsam mit Eltern und Großeltern verbringen. Da ihre Oma vor dem Weihnachtsfest längere Zeit im Krankenhaus war, wollen die Kinder sie mit selbst gebackenen Plätzchen überraschen. Zusammen mit ihrer Mutter dekorieren sie den Kaffeetisch für den Nachmittag, wenn Oma und Opa zu Besuch kommen. Liebevoll bereiten Timmi und Lisa einen Teller mit Plätzchen vor.

„Oma wird staunen, wenn sie unsere Zimtsterne probiert!“, sagt Robert. „Wir haben sie zwar nach ihrem Rezept gebacken, aber ganz so gut sind sie uns doch nicht gelungen", meint Lisa zweifelnd. „Da mach dir mal keine Sorgen, eure Zimtsterne schmecken lecker, Oma wird staunen!", beruhigt sie Mama. Währenddessen sitzt Hund Panda mit großen, treuherzigen Augen neben dem Kaffeetisch und beobachtet das Geschehen.

„Mama, darf ich Panda ein Plätzchen geben?", fragt Timmi seine Mutter. „Eigentlich sind Süßigkeiten nichts für Hunde. Aber meinetwegen, weil heute Weihnachten ist, bekommt er auch einen Zimtstern", willigt Mutter ein.

Gerade als Timmi seinem Hund Panda ein Plätzchen geben will, läutet es an der Tür. „Das sind bestimmt Oma und Opa!", ruft Lisa und rennt zur Tür. Timmi folgt seiner Schwester, und beide begrüßen stürmisch ihre Großeltern. „Schön, dass es dir wieder besser geht und ihr doch noch kommen konntet!", heißen auch Mutter und Vater die Großeltern willkommen.

Während Oma und Opa ihre Mäntel im Flur ablegen, hören alle aus dem Wohnzimmer ein lautes Scheppern und Poltern! Schnell rennen die Kinder zurück und sehen die Bescherung. Auf dem Wohnzimmerboden liegt der zerbrochene Teller. Der kümmerliche Rest an Plätzchen, den Panda übrig gelassen hat, liegt daneben. Panda selbst hat sich unter den Tisch verkrochen und schaut mit schlechtem Gewissen hervor.

„Panda, du frecher Kerl! Was hast du jetzt wieder angestellt?", schimpft Mutter den Hund aus. „Die ganze Arbeit umsonst! Jetzt können Oma und Opa nicht einmal einen unserer Zimtsterne probieren!", wettert auch Lisa enttäuscht.

„Doch, ein Zimtstern ist übrig!" Timmi hält das Plätzchen hoch, das er vorher noch mit zur Eingangstür mitgenommen hat, als es läutete. „Willst du unseren letzten Zimtstern probieren?", fragt Timmi seine Oma. Die Großmutter knabbert genüsslich an dem Plätzchen. „Ich kann gut verstehen, warum Panda so wild auf eure Zimtsterne ist, Kinder! Die Plätzchen schmecken wirklich ausgezeichnet!", lobt sie ihre Enkel. „Aber jetzt haben wir leider kein Gebäck mehr zum Kaffee", entschuldigt sich die Mutter.

„Keine Bange! Schaut mal in die Tasche, Kinder! Wir haben noch etwas mitgebracht!“, meldet sich da der Großvater. Lisa und Timmi ziehen zwei große Dosen mit Zimtsternen aus der Tasche. „Opa hat mir geholfen, damit wir an Weihnachten nicht mit leeren Händen dastehen. Aber nächstes Jahr brauch ich ja keine mehr mitzubringen, ihr backt mittlerweile die Zimtsterne genauso gut!“, stellt Oma zufrieden fest.
„Und für Panda machen wir dann gleich noch eine Extraportion!“, schlägt Timmi vor, und alle setzen sich lachend an den Kaffeetisch.

Teigbäcker-Massage

Material: Warme Unterlage

Die Kinder sollten sich für dieses Spiel selbst einen Partner aussuchen können, dem sie vertrauen und den sie mögen. Durch die Führung der Geschichte hat es die Erzieherin in der Hand, wie heftig, ruhig oder sanft die Massage ausgeführt wird. Ein Kind legt sich auf eine warme Decke auf den Boden, sein Partner kniet daneben. Die Erzieherin erzählt nun den Kindern, was sie tun können, z. B. Plätzchen backen.
Möglicher Ablauf:

Die Zutaten mischen	*Mit den Fingerspitzen die Rückenpartie abklopfen, mit den Händen über den Rücken streichen und kreisen*
Den Teig kneten	*Sanft den Rücken kneten*
Den Teig ausrollen	*Mit offenen Händen (Handballen) über den Rücken rollen*

Den Teig mit den Formen ausstechen	*Mit den Fingerspitzen den Rücken massieren*
Die Plätzchen auf das Blech legen	*Mit beiden Händen den Rücken von oben nach unten streichen*
Die Plätzchen in den Ofen schieben	*Sanft das Kind hin- und herrollen oder drehen*
Die Plätzchen backen	*Die Hände flach und mit leichtem Druck an verschiedenen Stellen auf den Rücken auflegen, bis deutlich Wärme spürbar wird*
Die Plätzchen herausnehmen und essen	*Den Oberkörper leicht hin- und herrollen, kräftiges Massieren des Rückens, leicht zupfen*
Ausruhen mit sattem, warmem Bauch	*Mit der flachen Hand sanft ausstreichen, dann legen sich beide Kinder zusammen hin – später werden die Rollen getauscht*

Das verlorene Jesuskind

Inhalt:	Die Geschwister Jakob und Ella bemerken, dass in ihrer Weihnachtskrippe das Jesuskind fehlt. Die Holzfigur ist den Kindern sehr wichtig, ganz aufgeregt suchen sie überall danach. Erst der kleine Bruder Jonas kann weiterhelfen.
Material:	Kein Material erforderlich
Methode:	Eine Geschichte zum Vorlesen und Nacherzählen mit anschließenden Impulsen für den Stuhlkreis und Gespräche.

Jakob sitzt zusammen mit seiner älteren Schwester Ella am Küchentisch und hilft ihr beim Gestalten von Weihnachtskarten. Während Miriam schreibt, malt Jakob, der noch in den Kindergarten geht, Engel, Sterne und andere weihnachtliche Motive auf die Karten. Aber er schaut seiner Schwester auch interessiert zu, wie sie die für ihn doch sehr geheimnisvollen Zeichen auf die Karten schreibt.

„Ella, was ist das für ein Zeichen?“, fragt Jakob und deutet auf den ersten Buchstaben des Wortes, das Ella gerade geschrieben hat. „Das ist ein ‚W‘“, antwortet Ella. „Mit diesem Buchstaben beginnt das Wort ‚Weihnachten’. Schau her, es ist ganz einfach zu schreiben“, erklärt sie ihm und schreibt den Buchstaben auf ein leeres Blatt Papier.

„Das finde ich ja toll, dass ihr mit der Weihnachtspost angefangen habt“, lobt ihre Mutter, die gerade in die Küche gekommen ist. „Ich schreibe Tante Inge, wie

wir gestern unsere Weihnachtskrippe aufgestellt haben, und dass dieses Jahr Jonas hoffentlich nicht wieder so falsch singt!“, erklärt Miriam. „Aber Kinder, Jonas ist eben noch etwas jünger als ihr und kann das Weihnachtslied noch nicht so gut. Aber er bemüht sich sehr“, nimmt Mutter ihren Jüngsten in Schutz.
„Habt ihr übrigens mit Papa die Beleuchtung für die Krippe schon ausprobiert?“, will Mutter wissen. Wie jedes Jahr haben die Kinder zusammen mit ihrem Vater die Weihnachtskrippe mit den geschnitzten Holzfiguren unter dem Christbaum aufgestellt und liebevoll dekoriert. Vor der Bescherung ist es in der Familie Brauch, dass sich alle am Weihnachtsbaum versammeln und dem Jesuskind in der Krippe ein Weihnachtslied vorsingen. Als Jakob die Beleuchtung einschalten will, wird er ganz blass: „Mama, komm schnell her! Das Jesuskind fehlt!“ „Aber wir haben es doch gestern in die Krippe gelegt“, versichert Ella.
Alle suchen ganz aufgeregt die Krippenfigur, doch sie können sie nirgends finden. „Was wird das Christkind wohl sagen, wenn unser Jesuskind fehlt?“, jammert Jakob. „Und Josef und Maria werden bestimmt auch ganz traurig sein“, befürchtet Ella. Als Mutter gar nicht mehr weiß, wie sie ihre Kinder beruhigen soll, kommt Papa mit Jonas vom Einkaufen zurück. „Was ist denn hier los?“, fragt Vater, als Ella und Jakob aufgeregt auf ihn zustürmen. Und dann berichten sie vom Verschwinden des Jesuskindes.
„Aber das liegt doch in meinem Bett!“, ruft Jonas. „Es hat so gefroren, so ganz ohne Heu in seiner Krippe, und da habe ich es in meine Kuscheldecke gelegt“, erklärt er weiter. „Du hast recht, Jonas, da müssen wir gleich etwas unternehmen!“, antwortet Mutter und richtet dem Jesuskind gemeinsam mit den Kindern eine kuschelige und warme Krippe her.

Stuhlkreis und Gespräch zum Thema „Weihnachten“

Material: Triangel; Weihnachtsgeschichte (nachzulesen beim Evangelisten Lukas (Lk 2,1–20)); Kerze und Streichhölzer; allgemein bekannte Weihnachtslieder; Krippenfiguren, die in einem Korb verdeckt bereitgehalten werden (für jedes Kind eine Figur, z. B. genügend Tiere für alle); Decke oder etwas Stroh

Und so wirds gemacht:

- *Begrüßung:*
  Jedes Kind wird einzeln begrüßt und angesprochen; dazu eine Triangel leise anschlagen (Wichtig: auch die Kinder begrüßen, die am Stuhlkreis nicht teilnehmen wollen).
- *Anfangslied:*
  z. B. „Wir sagen euch an den lieben Advent“. Ein wichtiges Symbol in der Weihnachtszeit ist das Licht, es wärmt und bringt Helligkeit in das Dunkel – den Raum zum Lied etwas verdunkeln und eine Kerze anzünden.
- *Gesprächsimpuls:*
  Was bedeutet Advent? Die Adventszeit ist eine *Vorbereitungszeit* auf das Weihnachtsfest! Was feiern wir am 24. Dezember?
- *Geschichte:*
  Nun die Weihnachtsgeschichte erzählen oder vorlesen (Lk 2,1–20).
- *Lied:*
  z. B. „Alle Jahre wieder kommt das Christuskind“
- *Gesprächsimpuls:*
  Was gehört für uns alles zu Weihnachten? Die Begriffe sammeln und klären, wie z. B. Jesuskind, Engel, Krippe usw.

Was gehört in eine Krippe? Nun die im Korb verdeckt bereitgehaltenen Krippenfiguren an die Kinder verteilen, die sie befühlen und benennen.

- *Lied:*
  z. B. „Jesus kommt zu allen Kindern auf der Welt“
- *Krippe aufbauen:*
  In die Mitte eine Decke legen oder etwas Stroh auf dem Boden verteilen. Mit den Figuren, die jedes Kind in der Hand hält, wird nun gemeinsam eine Krippe aufgebaut.
- *Lied:*
  z. B. „Ihr Kinderlein kommet“
- *Schluss:*
  Jedes Kind wird einzeln verabschiedet, z. B. mit dem Satz: „Schön, dass du dabei warst, Jonas!“ Dazu wieder die Triangel anschlagen.

Jesus ist für alle da!

Von überall her kommen Menschen zur Krippe,
Gott hat der ganzen Welt seinen Sohn geschenkt:
Menschen mit gelber und roter, schwarzer und weißer Hautfarbe.
Jesus ist für alle da, die ihn suchen!
Alle Menschen sind eingeladen auf der ganzen Welt,
das Geschenk zu empfangen:
Freude, Liebe, Frieden und Hoffnung,
er bringt allen die frohe Botschaft, woher sie auch kommen.
Jesus ist für alle da!

Post für das Christkind

Inhalt:	Die Brüder Leopold und Ludwig hören von älteren Kindern, dass es das Christkind gar nicht gibt, und überlegen, ob sie nun überhaupt Wunschzettel schreiben sollen.
Material:	Kein Material erforderlich
Methode:	Vorlesegeschichte mit weiterführender Spielidee

Ludwig und Leopold sitzen gemeinsam mit ihren Eltern am Mittagstisch. „Ludwig, Leopold, es wird Zeit, dass ihr dem Christkind euren Wunschzettel schreibt“, erinnert Mama ihre beiden Söhne. „Marion ist schon längst fertig damit!“ Ihre kleine Schwester Marion, die noch den Kindergarten besucht, schneidet seit Wochen aus Katalogen alle Dinge aus, die sie sich zu Weihnachten wünscht, und klebt diese auf ihren Wunschzettel, der immer länger und länger wird.

„Wenn ihr euch nicht entscheiden könnt und noch lange mit dem Brief an das Christkind wartet, dann kommt er vor Weihnachten vielleicht nicht mehr rechtzeitig an“, fügt Papa hinzu. „Das will ich auf gar keinen Fall! Gleich nach dem Mittagessen fangen wir an zu schreiben. Hilfst du mir dabei, Ludwig?“, will Leopold wissen. Etwas widerwillig sagt sein Bruder zu. Ludwig ist schon in der

ersten Klasse und zweifelt etwas daran, dass sein Wunschzettel tatsächlich an das Christkind geht. Trotzdem setzt er sich mit seinem jüngeren Bruder zusammen an den Schreibtisch, um den Brief zu beginnen.
Leopold geht zwar auch noch in den Kindergarten, er hat zu Hause aber schon den einen oder anderen Buchstaben gelernt, den Ludwig in der Schule zum Üben als Hausaufgabe bekommen hat. Buchstaben und Worte, die er noch nicht kennt, lässt er sich von seinem Bruder zeigen, oder er malt ein passendes Bild dazu auf. Leopold arbeitet sehr sorgfältig, damit es das Christkind auch ja lesen kann.
„Leopold, ich glaube, der Papa sagt das mit dem Christkind nur so. Sebastian aus meiner Klasse behauptet, dass es das Christkind gar nicht gibt“, erzählt Ludwig seinem Bruder. „Dann bekommen wir ja gar keine Geschenke!“, ruft Leopold erschrocken. „Wir haben doch bisher auch Geschenke bekommen“, beruhigt ihn Ludwig. „Angeblich besorgen die Eltern alle Geschenke, das sagt jedenfalls Sebastian“, erklärt Ludwig zweifelnd seinem Bruder.
„Aber Mama hat doch die goldenen Flügel noch gesehen, als das Christkind letztes Jahr an Heiligabend von unserem Haus weggeflogen ist!“, wendet Leopold ein. „Außerdem muss das Christkind doch so viele Kinder beschenken. Bestimmt hat es Helfer, allein kann es die Arbeit nicht schaffen“, sagt Ludwig nachdenklich. „Vielleicht will sich der Sebastian ja auch nur wichtigmachen und erzählt deshalb solchen Unsinn“, überlegt er weiter.
„Ich würde es so gerne einmal sehen!“, seufzt Leopold. „Ich auch! Aber dann wäre es auch nicht mehr so geheimnisvoll“, flüstert Ludwig. „Ich glaube, wir sollten auf jeden Fall unseren Wunschzettel schreiben, sonst ist das Christkind vielleicht beleidigt und bringt uns dieses Jahr wirklich nichts zu Weihnachten“, schlägt Leopold seinem Bruder vor. „Du hast recht, Leopold, wir sollten es uns mit dem Christkind nicht verscherzen!“, antwortet Ludwig.
Und beide machen sich eifrig daran, den Wunschzettel fertigzustellen. Leopold malt sogar Sterne auf, schneidet sie aus und zeichnet seinen Wunsch immer in einen Stern hinein. „Das gefällt dem Christkind bestimmt!“ „Und ich schreibe dir hinten auf den Stern genau auf, was du dir wünschst! Dann kann ja nichts mehr schiefgehen, oder?“, lacht Ludwig.

Wörter-Sterne

Material:	Eine Schachtel; aus Tonpapier ausgeschnittene und mit Weihnachtsgegenständen bemalte Sterne

Und so wirds gemacht:

In einer Schachtel werden aus Tonpapier ausgeschnittene Sterne gesammelt. Auf jedem Stern ist eine Abbildung zu sehen, die zu Weihnachten passt: Glocken, Kerze, Geschenk, Adventskranz, Nikolaus, Engel, Hirte, Tannenbaum etc.

Die dazu passenden Begriffe können auf die Rückseite der Sterne geschrieben werden. Täglich darf ein Stern aus der Schachtel gezogen werden. Wer kann eine Geschichte dazu erzählen? Es können auch von mehreren Kindern nacheinander Sterne gezogen werden. Diese Begriffe fließen dann in die Geschichte mit ein.

Tipp:

Die Geschichten der Kinder mit dem Rekorder aufnehmen und daraus eine Hörspielkassette gestalten! Oder die Geschichten mitschreiben und sammeln. Daraus kann dann ein schönes Buch gestaltet werden.

Weihnachtsstern und Lichterglanz

Geschichten zum Mitmachen und Mitspielen

Die kleine, freche Schneeflocke

Inhalt:	In dieser Geschichte wird über den Weg von Schneeflocken vom Himmel auf die Erde erzählt, wobei eine kleine, freche Schneeflocke ihren eigenen Kopf hat!
Material:	Kein Material erforderlich
Methode:	Die Kinder sitzen in einem Stuhlkreis oder in einem größeren Raum auf dem Boden. Während der Geschichte werden alle Kinder aktiv mit unterschiedlichen Bewegungen und Aktionen miteinbezogen. Ein Kind übernimmt die Rolle der kleinen, frechen Schneeflocke.

Gespannt sitzen alle Schneeflocken auf ihrer Wolke und warten darauf, dass sie endlich auf die Erde fallen dürfen. Eine Schneeflocke aber, die kleinste von allen, ist besonders ungeduldig: „Wann geht unsere Reise endlich los?“, fragt sie die anderen Schneeflocken.
Doch diese zucken nur mit den Schultern und schauen sich ratlos an. „Ich weiß es nicht! Weißt du es?“, fragt die erste Schneeflocke ihre Nachbarin.

→ *Das erste Kind fragt seinen rechten Nachbarn: „Ich weiß es nicht! Weißt du es?“ Dieser wendet sich mit der Frage an seinen rechten Nachbarn, und so geht die Frage reihum.*

Die freche Schneeflocke beschließt daraufhin, am Rand der Wolke spazieren zu gehen und selbst nachzuschauen, ob schon Schneeflocken von anderen Wolken unterwegs sind.
„Sei vorsichtig! Sonst fällst du noch aus unserer Wolke, bevor wir am Ziel angekommen sind!“, rufen ihr die anderen Schneeflocken nach.

→ *Das Kind, das die kleine, freche Schneeflocke spielt, geht um den Stuhlkreis herum und setzt sich dann wieder auf seinen Platz.*

„Nirgendwo ist eine Schneeflocke am Himmel zu sehen“, berichtet sie. „Alles ist noch grün auf der Erde. Nur der Weihnachtsbaum auf dem Marktplatz des Ortes unter uns ist dicht mit Schnee bedeckt.“
„Was? Das müssen wir uns auch anschauen!“, rufen die anderen Schneeflocken erstaunt und laufen am Rand der Wolke entlang.

→ *Die Kinder, die die anderen Schneeflocken spielen, gehen einmal um den Stuhlkreis und setzen sich dann wieder auf ihren Platz.*

„Was erzählst du uns da? Der Weihnachtsbaum dort unten ist doch auch ganz grün!“, rufen die anderen Schneeflocken empört. „Das war ja auch nur ein Scherz“, antwortet die freche Schneeflocke und kichert vor sich hin.
Doch plötzlich hören sie ein Rauschen. Es ist der Wind, der zuerst ganz vorsichtig und dann immer fester die Wolke anpustet.

→ *Alle Kinder pusten auf das Kommando der Erzieherin hin.*

Der Wind treibt die Wolke vor sich her. Es wackelt und ruckelt, und die Schneeflocken purzeln beinahe durcheinander.
„Achtung! Haltet euch fest, jetzt geht unsere Reise los!“, rufen alle Schneeflocken begeistert und haken ihre Schneekristalle aneinander.

➔ *Die Kinder halten sich an den Händen fest und ziehen sich im Wechsel links und rechts ganz leicht hin und her.*

Der Wind bläst jetzt immer stärker. Und die Wolke ist nicht mehr in der Lage, die Schneeflocken zu halten. Sie öffnet ihre Tore. Das ist das Zeichen für die Schneeflocken, ihren Haltegriff zu lösen und sich für ihre Reise bereitzuhalten.
„Jetzt schweben wir zur Erde! Kommt, lasst uns durcheinanderwirbeln!“, rufen die Schneeflocken voller Freude.

➔ *Alle Kinder laufen im Stuhlkreis durcheinander, bis auf die kleine, freche Schneeflocke, die zunächst sitzen bleibt.*

Die kleine, freche Schneeflocke will jedoch nicht sofort nach unten fallen. Sie möchte ihren Flug möglichst lange genießen. Immer wieder lässt sie sich vom Wind ein Stück nach oben tragen. Dann tanzt sie mit lautem „Juhuu!“ um die anderen Flocken herum.

➔ *Das Kind, das die kleine, freche Schneeflocke spielt, läuft außen um den Stuhlkreis herum.*

Doch all ihre Flugkünste reichen nicht aus, um ewig in der Luft zu bleiben. Meter für Meter nähert sie sich der Erde.
„Freche Schneeflocke, flieg hierher!“, hört sie plötzlich die anderen rufen. Sie schaut sich nach allen Seiten um und entdeckt die anderen Schneeflocken aus ihrer Wolke. Zusammengefügt zu einem großen Eiskristall, zieren sie das Fenster eines Kindergartens.

➔ *Alle Kinder bis auf die kleine, freche Schneeflocke liegen im Stuhlkreis ganz eng beieinander auf dem Boden.*

„Flieg zu uns! Hier ist noch ein Platz frei!“, fordern sie die kleine, freche Schneeflocke auf. Die kleine Flocke nimmt noch einmal einen Windstoß zu Hilfe und erreicht gerade noch den freien Fensterplatz.

➔ *Das Kind, das die kleine, freche Schneeflocke spielt, legt sich zu den anderen.*

„Über so eine schöne Eisblume an ihrem Fenster werden sich die Kinder bestimmt freuen!“, sind sich alle Schneeflocken einig und halten sich gegenseitig gut fest. Und die kleine, freche Schneeflocke ist froh, dass sie nach ihrem Rundflug die anderen Flocken aus ihrer Wolke gefunden hat.

➔ *Alle Kinder halten sich an den Händen, bevor die Erzieherin sie auffordert, sich wieder auf ihre Stühle zu setzen.*

Der Nikolaus hat eine Panne

Inhalt: Der Nikolaus hat eine Panne im Wald, dabei geht sein Schlitten kaputt. Viele Waldtiere helfen nun dem Nikolaus, die Geschenke zu tragen, damit alles rechtzeitig bei den Kindern ankommt.

Material: Glöckchen; evtl. Abbildungen der jeweiligen Geschenke, die in dieser Geschichte vorkommen, oder passende reale Gegenstände dazu (z. B. Bücher, Farbstifte, Bausteine, Bälle, Puppen, Schokolade, Nüsse usw.)

Methode: Vorlesegeschichte. Beim Aufzählen der Geschenke denken die Kinder mit und nennen diese aus der Erinnerung. Der Schwierigkeitsgrad kann je nach Alter variiert werden durch die Anzahl der Spielsachen, die von den Tieren und dem Nikolaus getragen werden. Noch schwieriger kann das Spiel gestaltet werden, wenn die Kinder diese Gegenstände auch noch den jeweils richtigen Trägern zuordnen sollen. Unterstützend können dabei Bilder oder reale Gegenstände eingesetzt werden.

Im dunklen und tief verschneiten Wald ist es ganz still. Die meisten Waldtiere haben es sich in ihren Höhlen und Verstecken bequem gemacht und schlafen schon. Die Ruhe wird nur durch ein leises, rhythmisches Bimmeln vieler kleiner Glöckchen durchbrochen.

→ *Mit Glöckchen läuten*

Der Nikolaus ist auf dem Waldweg mit seinem Rentierschlitten unterwegs und will den Kindern im nahe gelegenen Ort am Nikolaustag ihre Geschenke bringen. „Heyjah!“, treibt er seine Rentiere an, denn er ist schon etwas spät dran. Es dauerte doch etwas länger, die vielen Geschenke auf dem Schlitten zu verladen, als er gedacht hat. Denn der Nikolaus will natürlich am Nikolaustag jedem Kind eine Kleinigkeit überreichen.
Die Hufe der Rentiere stieben durch den Schnee und bringen den Schlitten zügig voran. Doch plötzlich macht es einen dumpfen Schlag und die Fahrt wird jäh unterbrochen. Auf dem verschneiten Waldweg kommt der Nikolaus etwas zu weit nach rechts ab und übersieht dort einen niedrigen Baumstumpf. Mit lautem Krachen bricht eine Kufe seines Schlittens, und der Sack mit den Geschenken fällt im hohen Bogen herunter. Alle Geschenke purzeln durcheinander und bleiben verstreut auf dem Waldboden liegen. „Ach herrje! Das hat mir gerade noch gefehlt!“, brummt der Nikolaus ärgerlich vor sich hin.
„Was ist denn passiert? Kann ich dir vielleicht helfen, Nikolaus?“, fragt der Fuchs, der gerade den Waldweg queren will. „Ich habe eine Kufenpanne! Und jetzt kann ich den Kindern ihre Geschenke nicht mehr bringen!“, erklärt er dem Fuchs.
„Ich hole Hilfe, denn alleine kann ich dir nicht tragen helfen. Bis ich zurück bin, kannst du ja die Geschenke aufsammeln und sortieren“, schlägt der Fuchs vor.
„Ich danke dir, Fuchs! Das ist eine gute Idee!“
Und sogleich sammelt der Nikolaus die Päckchen ein. Für jedes Kind hat er **Schokolade** und **Nüsse** eingepackt, und zudem bekommen sie ein weiteres Geschenk, das er nach den Interessen der Kinder ausgewählt hat: **Bücher**, **Bauklötze**, **Farbstifte**, **Puppen** und **Bälle** stehen zur Auswahl.

➔ *Erzieherin: „Wisst ihr noch, Kinder, welche Geschenke der Nikolaus verteilt hat?“ Die Kinder zählen die Geschenke auf.*

Als der Nikolaus die Geschenkpäckchen wieder zusammengestellt hat, ist auch der Fuchs zurück. Und der Nikolaus staunt nicht schlecht, als er sieht, wie viele Helfer der Fuchs mitgebracht hat: Rehe, Hasen, Eulen, Eichhörnchen und sogar die starken Wildschweine sind mit dem Fuchs mitgekommen, um den Nikolaus zu unterstützen.

„Das ist sehr nett von euch, dass ihr mir tragen helft! Vielleicht schaffen wir es ja noch rechtzeitig, den Kindern ihre Geschenke zu bringen!“, hofft der Nikolaus.

„Die Rehe tragen die **Puppen**, die Hasen tragen die **Bauklötze**, die Eulen tragen die **Farbstifte**, die Eichhörnchen nehmen die **Bälle**, und die Wildschweine tragen die **Bücher**!“, verteilt der Nikolaus die Aufgaben. „Mein Rentier trägt den großen Sack mit der **Schokolade** und den **Nüssen**, und ich nehme den anderen **Geschenkesack**!“

„Was ist denn da drin?“, sind die Eichhörnchen neugierig. „Das kann ich euch noch nicht verraten!“, antwortet der Nikolaus geheimnisvoll und schwingt den großen Jutesack auf seinen Rücken.

➔ *Erzieherin: „Kinder, wisst ihr noch, welche Geschenke die Tiere und der Nikolaus tragen?“ Die Kinder: „Die Rehe tragen die Puppen, die Hasen tragen die Bauklötze, die Eulen tragen die Farbstifte, die Eichhörnchen tragen die Bälle, die Wildschweine tragen die Bücher, das Rentier trägt den Sack mit der Schokolade und den Nüssen, und der Nikolaus trägt den Geschenkesack.“*

„Alle Tiere dürfen dir helfen! Und was darf ich tragen?“, will der Fuchs wissen. Der Nikolaus überlegt kurz: „Hmmh! Fuchs, du hast die wichtigste Aufgabe von allen! Du gehst vor uns her und beleuchtest mit meiner Taschenlampe den Weg!“, schlägt der Nikolaus vor. Und dann stapfen sie alle im Gänsemarsch los:

Der Fuchs voran, er trägt die **Taschenlampe** im Maul.
Der Nikolaus trägt den geheimnisvollen **Geschenkesack**.
Sein Rentier trägt den Sack mit der **Schokolade** und den **Nüssen**.

Die Rehe tragen die **Puppen**.
Die Hasen tragen die **Bauklötze**.
Die Eichhörnchen tragen die **Bälle**.
Die Wildschweine tragen die **Bücher**.
Und die Eulen fliegen über ihnen und halten mit ihren Krallen die **Farbstifte**.

→ *Die Kinder wiederholen, was der Nikolaus und die Tiere tragen: „Der Fuchs trägt die Taschenlampe. Der Nikolaus trägt den Geschenkesack, ...“*

Im Ort außerhalb des Waldes marschieren sie von Haus zu Haus, und überall verteilt der Nikolaus seine Geschenke. Als das letzte Kind an diesem Abend beschert worden ist, gehen alle zufrieden in den Wald zurück. Der Rückweg ist jetzt auch nicht mehr so beschwerlich, denn außer dem Nikolaus, der noch immer den Jutesack mit seinem geheimnisvollen Inhalt trägt und dem Fuchs, der auch auf dem Rückweg mit der Taschenlampe leuchtet, haben die Tiere keine Lasten mehr zu tragen.
Die Rehe tragen keine **Puppen** mehr.
Die Hasen tragen keine **Bauklötze** mehr.
Die Eichhörnchen tragen keine **Bälle** mehr.
Die Wildschweine tragen keine **Bücher** mehr.
Und die Eulen fliegen über ihnen, aber sie halten keine **Farbstifte** mehr.

→ *Erzieherin: „Kinder, welche Tiere tragen jetzt keine Geschenke mehr?“ Die Kinder: „Die Rehe tragen keine Puppen mehr, ...“*

Als sie im Wald eine kleine Lichtung erreichen, hält der Nikolaus an und stellt seinen schweren Geschenkesack in den Schnee. „Das ist für eure tolle Hilfe! Danke für alles!“, spricht der Nikolaus und leert den Sack mit dem geheimen Inhalt in einen Futtertrog, der vom Förster auf der Lichtung aufgestellt wurde. Aus dem Jutesack purzeln viele Nüsse, Getreidekörner, Obst und frisches Gemüse, das der Nikolaus den Tieren zum Dank mitgebracht hat.
Und dann feiern sie ein schönes Weihnachtsfest.

Eine Kerze zu Weihnachten

Inhalt:	Franziska und Valentin langweilen sich, bis die Mutter eine gute Idee hat. Sie gehen gemeinsam in eine Bücherei und leihen sich Bilderbücher aus.
Material:	Eine wohlriechende Kerze (wenn möglich aus Bienenwachs)
Methode:	Vorlesegeschichte. Die Geschichte wird im Stuhlkreis vorgelesen, an einigen Stellen wird die Gruppe durch pantomimische Bewegungen, Geräusche, Gesten und Sprache aktiv miteinbezogen. Wer möchte, kann mit den Kindern danach, wie in der Geschichte beschrieben, Kerzen als Weihnachtsgeschenk dekorieren oder in einer Leseecke in Bilderbüchern schmökern.

Franziska und Valentin sind furchtbar schlecht gelaunt.

➔ *Die Kinder ziehen ein missmutiges, mürrisches Gesicht.*

Seit Tagen regnet es in Strömen, und es weht ein starker Wind.

➔ *Alle klopfen mit den Fingern schnell auf den Stuhl und ahmen Windgeräusche nach.*

„Jetzt ist es schon bald Weihnachten, und wir haben immer noch keinen Schnee!“, beklagt sich Franziska. „Wann können wir denn endlich zum Schlittenfahren oder Eislaufen gehen?“, nörgelt ihr jüngerer Bruder gelangweilt.

→ *Alle machen die passende Mimik und Gestik dazu.*

„Du musst noch etwas Geduld haben, Valentin. Bis Weihnachten wird es bestimmt schneien“, hofft die Mutter. Sie schlägt den Kindern einige Spiele im Haus vor, um sich die Zeit besser zu vertreiben. Doch anstatt miteinander zu spielen, ärgern sich die beiden gegenseitig und streiten nur.

→ *Die Kinder dürfen ihren Sitznachbarn spielerisch necken.*

„Kinder, hört auf damit!“, schimpft die Mutter genervt. Doch dann hat sie eine Idee: „Kommt, wir gehen in die Bücherei und leihen uns schöne Bilderbücher aus. Die schauen wir dann zu Hause gemeinsam an“, schlägt sie ihren Kindern vor.

→ *Alle trippeln mit den Füßen auf dem Boden und schauen dann pantomimisch Bücher an.*

Am nächsten Tag ist es immer noch stürmisch und es regnet Bindfäden.

→ *Erneut mit den Fingern schnell auf den Stuhl klopfen und Windgeräusche imitieren.*

Draußen wird es schon dunkel.

→ *Alle halten sich Hand vor die Augen.*

Sie kuscheln alle drei zusammen auf dem Sofa und lesen das erste Buch aus der Bücherei.

➔ *Die Kinder kuscheln sich zu ihren Nachbarn im Stuhlkreis hin.*

Die Mutter zündet eine Kerze an und erzählt ihren Kindern, warum während der Adventszeit so viele Kerzen benützt werden.

➔ *In der Mitte des Stuhlkreises wird eine Kerze angezündet.*

„Jesus hat gesagt, er sei das Licht der Welt! Daran erinnert uns auch der Adventskranz mit seinen Lichtern. Von Woche zu Woche zünden wir eine Kerze mehr an und das Licht wird damit heller und zeigt uns, dass seine Ankunft nahe bevorsteht. Achtet einmal darauf, wie viele Kerzen ihr während der Adventszeit in eurer Umgebung findet. Sie spenden Licht und Wärme, ein Zeichen für die Liebe Gottes“, erklärt die Mutter.

➔ *Die Kinder betrachten die Kerze genau und riechen vorsichtig an ihr, spüren die Wärme des Lichts.*

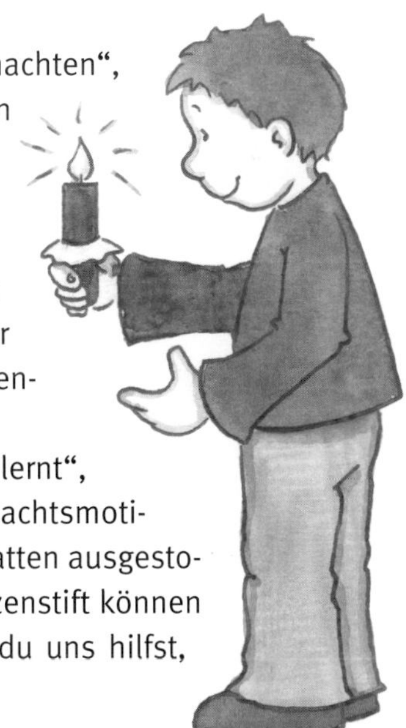

„Nun riecht es auch schon ein bisschen wie Weihnachten“, findet Franziska und drückt sich dabei zufrieden an ihre Mutter. Alle drei beschließen nun, täglich eine Geschichte bei Kerzenlicht zu lesen. Dabei hat Franziska eine Idee:
„Wir könnten Oma zu Weihnachten doch eine selbst verzierte Kerze schenken.“ „Dann kann sie sich immer ein Licht anzünden, wenn sie alleine ist“, stimmt Valentin begeistert zu.
„Es ist ganz einfach, das haben wir im Kindergarten gelernt“, sagt Franziska. „Mit Plätzchenformen werden Weihnachtsmotive, wie z. B. Sterne oder Tannenbäume, aus Wachsplatten ausgestochen und fest auf die Kerze gedrückt. Mit einem Kerzenstift können wir dann noch den Namen daraufschreiben, wenn du uns hilfst,

Mama“, erklärt Franziska. „Au ja, wir schreiben dann auf die Kerze: ‚Oma, sei ganz froh, du hast ja keinen Floh!'“, schlägt Valentin grinsend vor.

→ *Erzieherin: „Kinder, fallen euch selbst auch solche lustigen Reime ein?“*

Alle lachen, und Mutter verspricht, die nötigen Materialien zu besorgen. „Aber den Spruch für die Kerze sollten wir noch einmal überdenken“, bittet sie ihre Kinder.

Faszination Kerzenschein

Kinder lassen sich von Stimmungen schnell einfangen. Im normalen Alltag haben sie meist wenig Gelegenheit, die Faszination von Kerzenschein im Dunkeln bewusst zu erleben. Zünden Sie eine Kerze an und betrachten Sie gemeinsam die Flamme. Kinder genießen diese stillen und friedlichen Momente sehr. Das Licht der Kerze spiegelt sich auch in den Augen des Betrachters wider, es ist, als ob das Leuchten sich vermehrt.

Kerzen gehören zu einer festlichen Stimmung, der Kerzenschein leuchtet, wärmt, erhellt die Dunkelheit und schafft eine gute Atmosphäre. Doch die Flamme will auch behütet sein und birgt Gefahren – sprechen Sie unbedingt den richtigen Umgang mit Feuer an.

Über das Licht und das Feuer gibt es viele Redewendungen (z. B.: „ein Funke Hoffnung“, „Feuer und Flamme sein“, „uns geht ein Licht auf“ usw.) Wem fällt noch ein Spruch dazu ein? Was bedeuten diese Redewendungen?

Beten schenkt Geborgenheit und Hoffnung

Ein alltägliches, immer zur selben Zeit wiederkehrendes Ritual gibt den Kindern in unserer oft unüberschaubaren Welt Halt. Gemeinsames Beten schenkt Ruhe und Geborgenheit, Vertrauen und Wärme. Dürfen die Kinder zu den Gebeten eigene Gedanken, Wünsche und Hoffnungen beisteuern, dann können sich erstaunliche Gespräche über „Gott und die Welt" entwickeln. Es ist immer wieder erstaunlich zu sehen, welch große Philosophen in den Kleinen stecken, wie viele Fragen, Vorstellungen und Ideen sich auftun, wenn Gebete nicht einfach nur stur auswendig gelernt und heruntergeleiert werden! Zünden Sie zum Gebet eine Kerze an, und nach einem Moment der Stille darf jedes Kind seine eigenen Gedanken dazu wiedergeben.

Gebet

Lieber Gott,
danke für den schönen Tag, danke für alles, was du uns täglich gibst.
Danke für meine Eltern, die auf mich aufpassen.
Danke für das Essen jeden Tag und für meine Freunde.
Bitte gib allen Menschen, die mutlos sind, wieder Hoffnung.
Bitte gib allen Menschen, die traurig und müde sind, wieder Trost und Freude.
Bitte schicke allen Kindern, die keine Eltern mehr haben, liebe Menschen, die sich um sie kümmern.
Bitte hilf allen Menschen und Tieren, die unter Krieg und Not leiden.
Amen.

Kasperl und sein Weihnachtsgeschenk

Inhalt: Seppl redet Unsinn, weshalb ihn der Kasperl nicht immer versteht. Da müssen die Kinder helfen!

Material: Evtl. Spielfiguren aus dem Kasperltheater

Methode: Vorlesegeschichte. Während des Vorlesens werden zusammengesetzte Wörter verdreht. Je nach Alter und Wissensstand der Kinder können weitere Begriffe mit eingebaut werden. Eine zusätzliche Spielfigur, während des Vorlesens mit eingesetzt, kennt alle Begriffe und könnte die Kinder beim Helfen unterstützen.

Seppl klopft aufgeregt an die Haustür des Kasperl. Doch weil der Kasperl nicht sofort öffnet oder ihn hereinbittet, poltert er gleich bei der Tür herein. „Du wirst es mir nicht glauben, was ich heute Nacht gesehen habe!“, ruft Seppl dem Kasperl aufgeregt zu. „Erst, wenn du mir es erzählst, kann ich dir sagen, ob ich es glaube! Also mach es nicht so spannend! Was hast du denn gesehen?“, antwortet Kasperl.
„Ich habe einen **Schnupperstern** gesehen! Genau so einen, dem die drei **Königheilige** nach Bethlehem gefolgt sind!“, berichtet der Seppl atemlos. „Schnupperstern? Drei Königheilige? Was meint der Seppl nur, Kinder?“

→ *Die Kinder drehen die Wörter um: Sternschnuppe, Heilige Drei Könige*

„Jetzt verstehe ich den Seppl! Danke für eure Erklärung, Kinder!“ Die Heiligen Drei Könige sind ja einem Stern bis nach Bethlehem gefolgt, der ihnen den Weg zur Krippe des Jesuskindes zeigte. Und auch heute noch kann man in klaren Nächten verglühende Sterne beobachten, die über den Himmel huschen und dabei einen leuchtenden Schweif hinter sich herziehen. „‚Schnupperstern‘ ist ein schönes neues Wort für eine Sternschnuppe, Seppl, hast du dir dabei auch etwas gewünscht?“, will Kasperl wissen.
„Das war mir in der Aufregung ganz schnuppe, Kasperl. Aber es ist ja bald Weihnachten. Und da wünsche ich mir einen großen roten **Ziehschrauber**! Und was wünschst du dir zu Weihnachten?“ „Jedenfalls keinen Ziehschrauber“, antwortet Kasperl.

→ *Kasperl wendet sich an die Kinder: „Kinder, was ist das nun wieder? Ein ‚Ziehschrauber‘?“ Die Kinder erklären: Schraubenzieher.*

„Ach so, ein Schraubenzieher! Ich habe mir auch keinen Schraubenzieher gewünscht. Eigentlich will ich mir in diesem Jahr zu Weihnachten gar nichts wünschen“, sagt Kasperl. „Du willst dir zu Weihnachten nichts wünschen?“, fragt Seppl ungläubig. „Kein Geschenk? Nicht einmal einen **Kuchenmarmor** mit **Zuckerpuder**? Warum nicht?“
Kasperl schaut ganz verwirrt, denn er weiß schon wieder nicht, wovon der Seppl spricht.

➔ *Kasperl fragt erneut die Kinder: „Kinder, wisst ihr, wovon der Seppl jetzt schon wieder spricht?“ Die Kinder erklären: Marmorkuchen mit Puderzucker.*

„Ach das meinst du, Seppl! Marmorkuchen mit Puderzucker! Aber ich kann mir auch keinen Kuchen wünschen. Denn Oma wird mir in diesem Jahr zu Weihnachten meinen Lieblingskuchen bestimmt nicht backen“, befürchtet Kasperl traurig. „Hast du etwas angestellt?“, will der Seppl wissen. „Ich kann es mir schon denken! Du hast sicherlich die **Kettenlichterweihnacht** oder gar den **Ständerbaumchrist** verbogen!“, kichert Seppl.

➔ *Kasperl wendet sich wieder an die Kinder: „Was soll ich verbogen haben? Ich glaube, der Seppl redet dummes Zeug! Kinder, versteht ihr, was er sagt?“ Die Kinder erklären: Weihnachtslichterketten und Christbaumständer.*

„Die Weihnachtslichterkette oder den Christbaumständer zu verbiegen wäre ja gar nicht so schlimm. Aber ich habe mich aus Versehen auf Omas Lesebrille gesetzt und sie verbogen. Und jetzt kann Oma keine Zeitung und kein Buch mehr lesen. Und vor allem habe ich ihr mein Missgeschick noch gar nicht gebeichtet“, gibt Kasperl kleinlaut zu.
„Kasperl, hast du irgendwo meine Brille zum Lesen gesehen? Ich kann sie nirgendwo finden“, fragt Kasperls Oma, die gerade zur Tür hereingekommen ist und sich suchend im Zimmer umschaut. „Es ist wirklich nicht einfach! Denn um die Brille zu finden, bräuchte ich ja meine Brille, weil ich so schlecht sehe. Könnt ihr mir nicht beim Suchen helfen?“, fragt sie die beiden.
„Na klar helfen wir dir!“, antwortet Seppl. „Kasperl, du suchst im **Zimmerwohn**, und ich gehe in die Küche und schaue einmal im **Schrankkühl** im **Fachgefrier** nach. Vielleicht hast du deine Brille dort liegen lassen“, verteilt Seppl die Aufgaben.

➔ *Oma wendet sich an die Kinder: „Wo soll ich meine Brille liegen gelassen haben, Kinder?“ Die Kinder erklären: im Wohnzimmer oder im Gefrierfach im Kühlschrank.*

„Ach Seppl, was redest du denn da. Ich habe dir doch gerade von meinem Missgeschick erzählt", wendet der Kasperl ein. „Oma, ich muss dir etwas beichten. Du hast deine Brille nicht verloren. Ich habe sie kaputt gemacht, als ich mich aus Versehen draufsetzte!", beichtet Kasperl seiner Oma.
„Das ist doch nicht so schlimm Kasperl. Das kann doch jedem einmal passieren", sagt seine Oma verständnisvoll. „Und ich habe schon befürchtet, du würdest mir böse sein." Kasperl ist sehr erleichtert.
„Ja, Kasperl hat sogar befürchtet, dass du ihm deswegen seinen **Kuchenliebling** oder ein anderes **Geschenkweihnachten** nicht machen würdest", fügt Seppl an.
„Also Seppl, du brabbelst heute seltsame Dinge, die ich nicht verstehe!" Oma schüttelt verständnislos den Kopf. „Mir geht es genauso. Aber man muss ja nicht alles verstehen, was der Seppl so den ganzen Tag erzählt", grinst Kasperl.

➔ *Kasperl wendet sich flüsternd an die Kinder: „Außerdem reicht es, wenn ihr verstanden habt, was der Seppl gesagt hat! Habt ihr? Dann flüstert es mir zu!" Die Kinder flüstern: Lieblingskuchen und Weihnachtsgeschenk.*

Pepe, Paula und die Weihnachtsdüfte

Inhalt: Zwei hungrige Eichhörnchen wagen sich in ihrer Not bis in die Siedlung der Menschen vor. Von weihnachtlichen Düften angezogen, schleichen sie sich auf der Suche nach Nahrung mutig durch ein Haus und werden entdeckt!

Material: Briefumschläge; Geruchs- und Duftmaterialien, die mit Weihnachten in Verbindung gebracht werden und in der Geschichte vorkommen (Zimt, Vanille, Anis, Früchtetee, Gewürznelken, Orangenschalen, Tannennadeln); auch weihnachtliche Duftöle könnten benutzt werden, indem diese auf Wattebäuschchen geträufelt und nach dem Trocknen in die Briefumschläge gesteckt werden.

Methode: Vorlesegeschichte. Zuvor werden die verschiedenen Duftmaterialien in die Briefumschläge eingefüllt und die Umschläge zugeklebt. Eine Ecke abschneiden, dann kann daran geschnuppert werden. Während die Geschichte vorgelesen wird, werden die Briefumschläge, die zu den jeweils genannten Gerüchen passen, im Stuhlkreis weitergereicht. Die Düfte können natürlich auch verändert und variiert eingebaut und im Verlauf der Geschichte von den Kindern erraten werden.

Der Winter hat das Land fest im Griff. Bäume, Sträucher und Felder sind mit einer dicken Schneeschicht überzogen, und auch die Dächer und Straßen des kleinen Ortes sind schneebedeckt.
Pepe und Paula, die beiden Eichhörnchen, tippeln hastig in der Spurrinne eines Autoreifens im Schnee die Straße entlang. Sie sind hungrig und auf Futtersuche. Mitten in diesem kalten Winter sind ihnen die Vorräte ausgegangen! Das ganze Jahr über sammelten sie fleißig Nüsse, Eicheln und Kastanien und versteckten sie in ihren Vorratslagern. Doch die große Überschwemmung im letzten Herbst hat die meisten ihrer Leckereien einfach weggespült! Danach blieb den beiden Eichhörnchen zu wenig Zeit, ihre Lager wieder ausreichend aufzufüllen.
Ihr Hunger ist jetzt groß, und in der Hoffnung, etwas Nahrung zu finden, wagen sich die scheuen Tiere bis in die Siedlungen der Menschen. Nur die spärliche Straßenbeleuchtung und ein paar Lichter in den Häusern heben den kleinen Ort aus der Dunkelheit dieses Winterabends heraus. Nirgendwo können Pepe und Paula etwas Essbares finden, doch plötzlich öffnet sich ganz in ihrer Nähe eine Haustüre.
„Ich decke nur schnell das Auto ab, sonst muss ich morgen früh das Eis von den Scheiben kratzen!“, ruft ein Mann. Dann schließt er die Tür, schlägt den Kragen seines Mantels hoch und stapft durch den Schnee, ganz dicht an Pepe und Paula vorbei, die hinter einem Busch in Deckung gegangen sind. Als die Eichhörnchen bemerken, dass der Wind die Haustüre einen Spalt weit aufgedrückt hat, fassen sie ihren ganzen Mut zusammen. So schnell sie können, flitzen sie in das Haus und verstecken sich im Flur unter dem Schuhschrank. Wenige Augenblicke später kommt der Mann auch schon zurück, stellt seine Winterstiefel auf die Gummimatte neben dem Schuhschrank und geht ins Wohnzimmer.

Pepe streckt den Kopf aus dem Versteck und hält seine Nase schnüffelnd nach oben. „Riechst du das?“, fragt er Paula. „Ja, das duftet aber fein!“, antwortet sie. „Ich glaube es riecht nach **Zimt** und **Vanille**!“ „Stimmt! Und nach **Anisplätzchen** duftet es auch!“, ist Pepe begeistert.
Paula beschließt, dem guten Geruch aus der Stube nachzugehen. „Nicht hineingehen, Paula! Das ist zu gefährlich!“, ruft Pepe ihr hinterher. Doch schon ist Paula durch den Türspalt hindurch im Zimmer verschwunden. Vorsichtig schleicht Pepe ihr nach, und je mehr er sich der Zimmertür nähert, desto schöner duftet es.
Auf dem Herd in der Küche steht ein Topf, aus dem Dämpfe von **Früchtetee** aufsteigen. Eine Frau nimmt gerade den Teebeutel aus dem Wasser und füllt den heißen Tee zusammen mit einigen **Gewürznelken** in die Becher, die auf dem langen Esstisch stehen. Die Kinder am Tisch rühren mit einem kleinen Löffel den Tee in dem Becher um und nehmen dann vorsichtig einen Schluck daraus.
Pepe und Paula, die unter der Ofenbank herausspitzen, saugen diese Düfte auf. „So riecht Weihnachten!“, schwärmt Paula und nimmt wieder eine Nasenspitze voll dieses köstlichen Geruchs.
Auf dem Tisch steht auch noch eine weiße Porzellanschale. Die rot glänzenden **Äpfel** und saftigen **Orangen** darin sind wie zu einer kleinen Pyramide aufeinandergestapelt. Und auch den Duft von frischen **Tannennadeln**, der vom festlich geschmückten Weihnachtsbaum im Zimmer zu ihnen herüberzieht, schnuppern sie genüsslich in sich auf. Pepe und Paula sind so von diesen Weihnachtsgerüchen gefangen, dass sie alle Vorsicht vergessen.

„Schaut mal, da sitzen zwei Eichhörnchen!“, ruft plötzlich der Junge begeistert seinen Eltern und seiner Schwester zu. Erst jetzt bemerken Pepe und Paula, dass sie sich mitten im Zimmer vor dem Esstisch befinden! Regungslos sitzen sie nun nebeneinander auf ihren Hinterpfoten am Boden.

„Die beiden müssen aber ganz schön hungrig sein, wenn sie sich gleich so nah zu uns Menschen hertrauen“, flüstert die Mutter ihren Kindern zu. „Seid bitte leise und erschreckt sie nicht!“
Der Vater steht ganz vorsichtig von seinem Platz auf und verlässt das Zimmer, während Pepe und Paula noch immer wie versteinert auf dem Boden sitzen. „Hier hab ich was Leckeres für euch!“, wendet sich der Mann an die Eichhörnchen, als er wieder zurückkommt. Er zeigt den beiden einen kleinen Korb, den er dann an ihnen vorbei ins Freie trägt. Von diesen Gerüchen angezogen, folgen sie ihm zur Haustüre hinaus und beobachten den Mann, wie dieser den Korb an einer wettergeschützten Stelle am Gartenhäuschen abstellt.
Nachdem der Vater wieder ins Haus zurückgegangen ist, nähern sich Pepe und Paula neugierig dem Korb. „Siehst du auch, was ich sehe?“, ruft Pepe. Dann betrachten sie ungläubig die frischen Walnüsse, Haselnüsse und die anderen Knabbereien, die sich im Korb befinden. Und hinter dem geschlossenen Wohnzimmerfenster beobachtet die Familie noch lange, wie die beiden Eichhörnchen eine Nuss nach der anderen zu ihrem Winterquartier bringen.

Besuch vom Nikolaus

Inhalt:	Die Kinder warten am Abend gespannt auf den Nikolaus. Als er dann endlich da ist, sagen sie ein kleines Gedicht auf. Bevor der Nikolaus wieder geht, möchten sie von ihm wissen, ob auch er reimen kann.
Material:	Evtl. ein oder mehrere kleine Glöckchen
Methode:	Vorlesegeschichte. Die zuhörenden Kinder werden im Verlauf der Geschichte beim Reimen aktiv miteinbezogen. Auch die Gedichte können zusammen wiederholt werden.

Jana und Paul sind schon ganz aufgeregt. Zusammen mit ihren Eltern sitzen sie im Wohnzimmer und warten auf den Besuch, der sich für den heutigen Abend angekündigt hat.

„Wann kommt er denn endlich?“, fragt Paul ungeduldig. „Es dauert bestimmt nicht mehr lange! Aber ihr seid ja nicht die einzigen Kinder, die er heute noch besuchen kommt“, erklärt ihm seine Mutter.

„Ich schau mal aus dem Fenster, vielleicht kann ich ihn dann sehen“, ruft Jana. Sie geht zum Wohnzimmerfenster und drückt ihre Nase ganz nah an die Scheibe. Das Licht der Straßenlaterne beleuchtet den Weg vor dem Haus. Im Schein der Lampe sieht Jana auch, dass es wieder zu schneien begonnen hat. Aber niemand ist auf der Straße unterwegs.

„Glaubt ihr, dass er uns vergessen hat?“, fragt Jana enttäuscht und geht zum Sofa im Wohnzimmer zurück. „Nein, bestimmt nicht. Aber du musst halt noch etwas Geduld haben, bis er auch zu uns kommt“, tröstet sie ihre Mutter.

„Seid still! Ich glaube, ich habe etwas gehört!“, flüstert plötzlich ihr Vater. Jana und Paul lauschen gespannt. Ein leises Bimmeln durchbricht die Stille der Nacht.

→ *Mit den Glöckchen läuten.*

Das Geräusch der Glöckchen wird langsam lauter und mehr und mehr begleitet von stapfenden Schritten, die durch den kalten Schnee knirschen. Dann klopft es an der Haustüre. Und als die Mutter öffnet und ihren Besuch in die Stube bittet, rutschen Jana und Paul enger auf dem Sofa zusammen.
„Guten Abend, Jana und Paul!“, begrüßt er sie. „Guten Abend, Nikolaus!“, antworten die Kinder etwas schüchtern und kleinlaut. Wie der Nikolaus jetzt so vor ihnen steht, mit seinem schönen roten Gewand, dem langen weißen Bart, seinem großen Bischofshut und dem geschwungenen goldenen Stab, da haben die Kinder doch ein recht mulmiges Gefühl.
„Ihr braucht keine Angst zu haben, Kinder. Ich bringe euch nur ein paar schöne Gaben“, beruhigt er Jana und Paul, als er ihre Unsicherheit bemerkt. „Eure Mutter hat mir berichtet, dass ihr ein Gedicht für mich aufsagen wollt. Ich freue mich schon darauf, es zu hören.“
Jana und Paul nicken zustimmend, denn sie haben im Kindergarten ein Gedicht für den Nikolaus vorbereitet. Noch einmal schauen sie sich an, dann beginnen sie, zusammen ihr Gedicht aufzusagen:

„Lieber, guter Nikolaus, bevor du wieder gehst hinaus,
leere bitte deine Taschen, denn wir möchten gerne naschen.
Äpfel, Nüsse, Mandelsplitter, Schokolade, nicht zu bitter,
daran wollen wir uns laben und sagen Dank für deine Gaben!“

„Das habt ihr sehr schön aufgesagt!“, lächelt der Nikolaus die Kinder zufrieden an. Dann greift er in den großen Jutesack, den er neben sich auf den Boden gestellt hat und überreicht den Kindern ihre Geschenke.
„So, nun muss ich aber weiterziehen! Es warten noch einige Kinder auf meinen Besuch.“ Der Nikolaus verabschiedet sich und will gerade wieder zur Türe gehen, als ihm Paul hinterherrennt und ihn an seinem Umhang zupft.
„Nikolaus, kannst du auch etwas reimen?“, will Paul wissen. „Tja, wenn ihr mir dabei helft?“, überlegt der Nikolaus. „Zusammen schaffen wir es bestimmt, ein paar Wörter oder gar ein paar Verse zu reimen.“ Dann geht der Nikolaus ins Wohnzimmer zurück, setzt sich zu Jana und Paul, und alle drei beginnen zu reimen:

➔ *Erzieherin: „Kinder, könnt ihr auch beim Reimen mithelfen?“*

„Was reimt sich auf Schneckenhaus?“, fragt der Nikolaus die Kinder. *(Nikolaus)*

➔ *Die Kinder: „Nikolaus“*

„Was reimt sich auf Wintertraum?“ – „Weihnachts… (-*baum*)!“

➜ *Die Kinder: „-baum“*

„Was reimt sich auf Apfelkern?“ – „Weihnachts… (-*stern*)!“

➜ *Die Kinder: „-stern“*

„Der Nikolaus kommt euch besuchen, bringt Nüsse und einen Schokoladen… (-*kuchen*)!“

➜ *Die Kinder: „-kuchen“*

„Doch nun wird es Zeit für mich zu gehen,
es wartet noch eine große Kinderschar,
bald werden wir uns wiedersehen,
der Nikolaus kommt auch im nächsten Jahr!“

Der Weihnachtsstern

Inhalt: Die Waldtiere sehen am Himmel den Weihnachtsstern und folgen ihm bis zur Krippe.

Material: Ein großer Stern, aus Papier ausgeschnitten; evtl. die Weihnachtsgeschichte zum Vorlesen

Methode: Vorlesegeschichte. Während die Geschichte vorgelesen wird, dürfen die Kinder alle Bewegungen und Geräusche der Tiere nachahmen. Die Geschichte kann z. B. im Stuhlkreis beginnen und dann auf einen größeren Raum ausgeweitet werden, oder alle Kinder sitzen anfangs in einer Turnhalle auf dem Boden. Zum Schluss sitzen alle Kinder wieder im Kreis, und die Erzieherin liest die Weihnachtsgeschichte vor oder erzählt sie.

Der Abend bricht an, und die Waldtiere haben es sich bereits im dichten Unterholz oder auf den Bäumen für die Nacht bequem gemacht. Sie betrachten noch einmal den Sternenhimmel. Es ist alles still. Nur hin und wieder hört man noch ein Geräusch.
Hier ruft eine Eule,

→ *Die Kinder rufen „Huhuu, huhuu!“*

und dort hört man das leise Tippeln einer Mäusefamilie.

➔ *Die Kinder tippeln mit den Fingerspitzen auf dem Stuhl oder dem Boden.*

Hier ertönt das Gute-Nacht-Heulen des Wolfs,

➔ *Die Kinder heulen oder jaulen wie Wölfe.*

und dort hört man das leise Scharren eines Eichhörnchens.

➔ *Die Kinder scharren leise mit den Füßen auf dem Boden.*

Hier hört man die Wildschweine grunzen,

➔ *Die Kinder machen Grunzgeräusche.*

und dort hört man den Specht, wie er mit seinem spitzen Schnabel an einen Baumstamm klopft.

➔ *Die Kinder klopfen mit einem Fingernagel auf ihren Stuhl.*

Plötzlich erhellt sich der Himmel.

➔ *Die Erzieherin hält den Stern hoch.*

Ein großer Stern leuchtet so stark, dass er alle anderen Sterne überstrahlt. Erstaunt darüber schauen die Tiere nach oben, und als sich dieser Stern langsam in Richtung Horizont bewegt, folgen sie ihm neugierig.
Die Mäuse tippeln, so schnell sie können, dem Stern hinterher.

➔ *Alle Kinder tippeln in kleinen, schnellen Schritten im Raum umher, bis die Erzieherin den Stern wieder nach unten nimmt.*

Die Schnecken haben es sehr eilig und kriechen, so schnell sie können, dem Stern hinterher.

➔ *Die Erzieherin hält den Stern nach oben, und die Kinder kriechen so lange auf dem Boden hin und her, bis sie den Stern wieder nach unten nimmt.*

Die Eichhörnchen hüpfen von ihrem Baum und folgen dem Stern.

➔ *Die Erzieherin hält den Stern nach oben, und die Kinder hüpfen wie flinke Eichhörnchen so lange auf allen Vieren im Raum umher, bis sie den Stern wieder nach unten nimmt.*

Die Wildschweine stampfen durch den Wald und folgen dem Stern.

➔ *Die Erzieherin hält den Stern nach oben, und die Kinder stampfen so lange durch den Raum, bis sie den Stern wieder nach unten nimmt.*

Die Enten watscheln, so schnell sie können, dem Stern hinterher.

➔ *Die Erzieherin hält den Stern nach oben, und die Kinder watscheln so lange hintereinander im Raum herum, bis sie den Stern wieder nach unten nimmt.*

Alle Vögel erheben sich von ihren Ruheplätzen in den Bäumen und fliegen, so schnell sie können, dem Stern hinterher.

➔ *Die Erzieherin hält den Stern nach oben, und die Kinder machen so lange mit den Armen Flugbewegungen und gehen dabei durcheinander im Raum umher, bis sie den Stern wieder nach unten nimmt.*

Auch die Hasen hoppeln dem hellen Licht entgegen.

→ *Die Erzieherin hält den Stern nach oben, und die Kinder hüpfen so lange beidbeinig durch den Raum, bis sie den Stern wieder nach unten nimmt.*

Und als auch alle anderen Tiere dem Stern folgen, kommen sie an einem alten, fast schon zerfallenen Stall vorbei, der vom hellen Licht dieses Sterns angestrahlt wird.

→ *Die Erzieherin hält den Stern nach oben, und alle Kinder kommen wieder im Kreis zusammen.*

In dem Stall befindet sich eine Krippe, die mit Stroh gefüllt ist. Und in Decken und Tüchern warm eingepackt, schläft darin das Jesuskind.
Aber hört nun die ganze Weihnachtsgeschichte:

→ *Die Erzieherin liest den Kindern die Weihnachtsgeschichte vor oder erzählt sie.*

Weitere Bücher von Heike Tenta

In diesem Buch kombiniert *Heike Tenta* ihre Geschichten mit Mitmach-Impulsen, wie z.B. Fantasiereisen, Bewegungs- und Konzentrationsspielen sowie Spielen zur Sprachförderung. Damit üben die Kinder wichtige Kompetenzen, die ihnen helfen werden, im Schulunterricht gut zurechtzukommen: Beweglichkeit, Wahrnehmungsfähigkeit, Sprache und Ausdruck, Vorstellungskraft, Konzentration, Ausdauer sowie emotionale und soziale Kompetenzen.

112 Seiten, S/W-Illustrationen
ISBN 978-3-7698-1913-7

Sprache und Schrift– kindgerecht vermittelt! Kinder, die vor dem Schuleintritt vielfältige Erfahrungen mit Sprache und Schrift sammeln, entwickeln Liebe zur Sprache und Sorgfalt im Umgang mit ihr. Dieses Buch bietet Spiele mit Geräuschen und Stimmen, Sprachspielereien, Signale und Geheimcodes, Leseecke, Schreibwerkstatt, Malen und Gestalten mit dem ABC u.v.m. So begegnen Kinder der Sprach- und Schriftkultur mit viel Fantasie, Kreativität und Spaß.

114 Seiten, S/W-Illustrationen
ISBN 978-3-7698-1607-5